JN099225

フィロソフィー経営

ロイヤリティが生んだ
ディップ急成長のドラマ

ディップ株式会社 元COO（最高執行責任者）
大友常世

ダイヤモンド社

はじめに

２０２０年8月。毎年恒例の「社員総会」は、コロナ禍の中、異例のオンラインで開催されました。参加者は全社員に当たる２３００人。それぞれが自宅でパソコンに向かい、都内最大級のスタジオに設けられた総会のステージを見守ります。

華やかなスポットライトに照らされたステージの壁面、高さ7・3、幅25メートルの大画面には、その社員達のたくさんの顔が映し出されています。

代表取締役社長兼ＣＥＯの冨田英揮は、そのステージに立ち、この年の経営テーマを発表しました。

Ｌｏｙａｌｔｙ

世界的な書家、紫舟さんの筆で描かれたテーマは淡いピンクの中に浮かび上がり、

Ｌｏｙａの文字は、

Ｌｏｖｅにも見えます。

「ユーザー、クライアント、社員、そして社会からのＬｏｙａｌｔｙを高めていくために必要なものは〝愛〟です」とテーマに込めた思いを、冨田は語りました。

そして、社員達へのその深い愛情を示すため、日本企業史上最高額となる30億円の譲渡制限付き株式（ＲＳ）を、全員に付与することを発表します。

これから目指すのは「社員幸福度ナンバーワン企業です」との宣言と共に。

冨田は社員の幸福を「現在の充実感」「将来への希望と安心」「自分の存在が重要だと感じること」の3つで捉えています。

社員達に深く厚い信頼を寄せ、未来への希望と安心を生むために、売上高１０００億円、営業利益３００億円を超える中期経営目標と、その達成を条件とした異例の規模となる株式付与を発表したのです。

社員達からは、大きな驚きと感謝の声が、そして新たな挑戦への決意が、チャットに無数に書き込まれました。

ディップは1997年、創業者である冨田英揮が、たった一人無一文で始めた会社です。乃木坂46のCM等でご存じかと思いますが、求人サイト「バイトル」「バイトルNEXT」「はたらこねっと」「ナースではたらこ」で、人材サービスを提供しています。

私が23年間勤務したリクルートを卒業し、ディップに入社したのは2005年10月。当時の従業員数は350人。売上高30億円、営業利益は4億円（2005年2月期）でした。それから15年。ディップは東証一部上場企業となり、売上高464億円、営業利益146億円（2020年2月期）、従業員は2300人へと急成長を果たし、時価総額は90倍以上と企業価値を大きく上げてきました。

私は「リクルートを超える、従業員満足度ナンバーワンの会社を一緒に創ろう」との、冨田の言葉で、ディップへの入社を決めました。

どこよりも高い従業員満足度を目指すとの冨田の思い、社員達への深い信頼と愛情は、「人が全て、人が財産」との経営方針となり、そのもとで多くの人材が育ってきました。

ディップの急成長を支えた社員達の高いロイヤリティを生んだのは、冨田の経営哲学、フィロソフィーによる経営です。
冨田が創業からの幾多の試練を乗り越える原動力となった、ディップ（ｄｉｐ）の社名の由来でもある、
「夢（ｄｒｅａｍ）　アイデア（ｉｄｅａ）　情熱（ｐａｓｓｉｏｎ）」
そして、数々の苦境を打開してきた経験から紡ぎ出された言葉、冨田の行動哲学である、
「ファウンダーズスピリット」
　ピンチはチャンス
　チャレンジし続ける
　最後まで諦めない
　期待を超える
　仕事、人生を楽しむ
　自らがｄｉｐを創る
この言葉が、フィロソフィーとして社員達の心に刻まれ、行動規範として日々の仕事に体現されていくことで、多くのユーザー、クライアントのロイヤリティが生まれ、高い売上・利益成長につながってきました。

京セラ創業者の稲盛和夫さんは、フィロソフィーを経営の根幹に据えることの大切さを説いています。経営破綻したJALの再建を託された際にフィロソフィーを制定し、その浸透と徹底を通して、わずか2年余で再上場に導いたのは、記憶に新しい話です。

稲盛さんの書籍、お話からは、個々人の人生・仕事において、経営においても確固たる哲学、フィロソフィーを持つことの重要性が、とてもよく理解できます。

しかしながら、それぞれの企業において、フィロソフィーを言語化し、その浸透を図っていくのは難しいことではないかと思います。

本書では、冨田のフィロソフィーがどのように生まれ、経営マネジメント、人材育成、企業文化づくりに活かされてきたのか、それがどのように社員達に浸透し体現されてきたのかを、ディップの歴史と取り組みを通し、綴っていきます。

書名に掲げたフィロソフィーは、古代ギリシャ語のphilos（愛）とsophia（知恵）を語源とするそうです。

冨田が、冒頭で記した社員総会で掲げたテーマ「Loyalty」。全てのステークホルダーからのロイヤリティを高めていくために、必要なものは「愛」だと語ったことが、フィロソフィー経営とつながっていることに、私は深く感じ入っています。

社員を愛し、その幸福度をナンバーワンにすると宣言した冨田の「人が全て、人が財産」とするフィロソフィー経営は、時代の変化に魁をするものだと思っています。

2020年8月、SEC（米国証券取引委員会）が発表した「人的資本の情報開示」の義務化を受け、人的資本価値の向上を重視した経営が世界の潮流となりつつあります。欧米の有力企業は、人が企業成長・利益創出の源泉と考え、人材育成やマネジメント、優れた企業文化づくり、従業員のエンゲージメントを高めることやウェルビーイングのために、多くの投資をし始めています。

それを先取りしてきたと言っても過言ではない、ディップの経営をお伝えします。


ディップの歴史、冨田のフィロソフィーを社員達に伝え残したいと書き始めたものが、編集の方の目に留まり、筆を加え発刊することとなりました。

本書が、経営・マネジメント層の読者はもちろん、日本経済の未来を担いゆく多くのビジネスパーソンに、何らかの示唆を与えるものとなれば、著者として望外の幸せです。

目次

第六章　新たな未来への挑戦

エピローグ

序章

ディップ創業者
冨田英揮との出会い

ディップ入社初日の衝撃

私がディップに常務執行役員として入社した2005年10月。出社初日の初仕事は、翌年春入社予定の新卒者内定式での挨拶でした。

そこで私は、驚くべき光景を目にします。社員数350人の会社に、200人もの入社予定者がいたのです。全員が営業職での採用です。私は愕然としました。

思い返すと、私がディップへの転職を決意した4か月前。冨田は「中途採用から、新卒採用中心に切り替えます。新卒を200人は採用したい」と熱く語っていました。

私は「そうですか」と答えながら、その年の春、社員数が200人だった会社にそれだけの新卒を採用できるはずがないと思っていました。「採用できても40〜50人だろう」と。しかし、目の前に200人の内定者がいるのです。しかもわずか半年の間に150人もの社員が増えています。

「本当に200人採用したのですか!?」と驚く私に、冨田は「そうですよ。そう言ったじゃないですか」と一言。「社歴の浅い社員が多い350人の会社で、どうやって新卒を育てるのですか？　会社が壊れてしまいますよ」と驚きが収まらない私。「だから、大友さんに入社してもらったんじゃないですか。よろしく頼みますね」と冨田は満面の笑みを浮かべます。私はしばし、茫然としました。

冨田の情熱と思いへの共感

私がディップへ転職する1年半前の2004年5月。創業からわずか7年で、冨田はマザーズ上場を成し遂げます。そして上場で得た資金で大胆な人員投資を行い、上場時にわずか60人だった社員数は350人に急増していました。

大手競合企業と戦い勝ち抜き、シェアを大きく伸ばしていくためには、まず営業人員を一気に増やすことが必要だと、冨田は考えます。そして中途採用に大きな資金を投じ、大規模な採用を行っていたのです。

しかし、即戦力と期待した中途採用者は思ったような業績を上げられず、次々に辞めていきます。私が入社した時の離職率は36％に達していました。

マネジメントや教育、急拡大する人員に対する組織の整備が追い付いていなかったのだと思います。ベンチャー企業が人員を増やしていく過程で、そのような課題が生ずるのはありがちなことです。

私はリクルートで、そうした悩みを抱える多くの経営者の相談に乗り、解決策を提案してきたので、それが良くわかりました。リクルートも、社員数が３０００人を超えた頃、いきなり１０００人の新卒採用をするなど凄まじい勢いで人員を増やし、急成長してきました。私はその渦中でマネジメントを経験し、急拡大する組織運営の難しさも実感しています。

冨田は、営業経験のある中途社員を大量に採用しても、さほど業績を上げてくれず、定着しない状況に対し新たな決断をします。

「新卒をイチから育てよう」と新卒採用を大規模に行い、一気に人員を拡大することを決めたのです。

冨田が新卒採用中心に切り替えたのには、もう一つ大きな狙いがありました。それは、ディップの文化を一から創ることです。まっさらな新卒達と一緒に、新たな独自の企業文化を創っていきたいと考えます。

次々と退職していく社員達を前に、冨田は、皆が活き活きと楽しく働き活躍してくれる、自分が理想とする組織、企業文化を、一から新しく創り直そうと決めました。

ディップの人・組織・企業文化を創っていく上で、冨田が理想とし目標にしたことは、リクルートを超える、従業員満足度ナンバーワンの会社ということでした。

「ロイヤリティに溢れる社員達が育ち、満足度高く働く会社を創りたい」

私は、冨田のその情熱と思いに強く共感し、ディップに入社することを決めました。

リクルートのアルバイトから始まる私のキャリア

私は、リクルートの文化に育てられた人間です。

私が入った当時のリクルートは、まだ旧社名の日本リクルートセンターといい、創業から20年。社員数は２０００人程。24年目の現在（２０２１年春）のディップとほぼ同じ社員数の会社でした。

ただ違うのは、社員に加えてA（エー）職と呼ばれるアルバイトが、社員と同数いたことです。私はその一人として、１９８３年10月に働き始めました。

その春、私は大学を卒業し、大手住宅メーカーのディーラーに新人社員として入社したのですが、わずか5か月で辞めてしまっていたのです。

学生時代には、十分に業界・仕事研究をしないまま就職活動に臨み、最初に内定をくれたからとの理由で、その会社に営業職として入社しました。

当時は人前で話すのが苦手で、営業活動の飛び込み、提案のアポをいただくための電話が嫌でたまらず、半年も経たずに逃げ出しました。就職先の決め方も、辞めたことも、今考えると呆れるほど安易でした。

自分に営業はとても無理だと思い、事務の仕事を探そうと転職活動を始めましたが、次の仕事が全く決まりません。当時、第二新卒という言葉もなく、新卒入社した会社をわずかな期間で辞めてしまうような者を、どこも相手にしてくれませんでした。

「このままでは仕事に就けず路上生活者になってしまう」と思うくらいに追いつめられながら、毎日、求人情報誌で自分にできそうな仕事を、必死になって探しました。

そんなある日、私は人生を変える求人広告に出会います。

それは、「いろんな業界・企業のことを学べる」とのキャッチコピーが書かれたアルバイトの募集広告でした。満足な仕事研究をしてこなかった私は、このアルバイトをしながら自分に合う職種を見つけようと応募を決めました。その仕事がリクルートの求人広告の営業です。

確かに業界・仕事のことは学べそうでしたが、苦手で大嫌いな営業。迷いはありましたが、「転職先を見つけるためのアルバイトだから」と自分に言い聞かせ、挑戦することにしました。

最初の会社で、仕事の意味もわからないうちに、わずかな期間で目先のつらさから逃げ出した自分。その情け無さをとても後悔していたので、「今度は逃げない！　次の就職先が決まるまで頑張ろう」と決意を固めました。

私を育てたリクルートのＤＮＡ

入社してみると、満足な研修などありません。商品のパンフレットを渡され簡単な説明を受けただけで、アポ取り、飛び込みで新規のお客様を探してこいと言われました。アルバイトとはいえ、ひどい扱い方だなと思いましたが、後には引けません。

話すことが苦手で、臆病者。アポ取りの時のガチャ切りや、飛び込みで邪険にされるのが怖かった当時の私ですが、自分に合った就職先を見つけるまではと必死に電話をかけ、商品説明に歩きました。

しかし、なかなか広告が売れません。このままでは次の仕事を見つける前にクビになると思い悩んで、直属である課長に相談をしました。

すると「お前は一生懸命やっているが、やり方が間違っている」と一言。

そのやり方を教えるのが上司だろうと思いましたが、「先輩に聞け。自分で調べて考えろ」としか言ってくれません。私は途方に暮れました。

しかしその後、その上司の言っていることの意味が、だんだんとわかってきます。

当時のリクルートには、「自ら機会を創り出し、機会によって自らを変えよ」との社是がありました。創業者の江副浩正さんがつくり、今でも、リクルートのDNAとして受け継がれている大切な言葉です。

課長は、「教えられることを待つだけの者は、何も得られない。主体性、当事者意識を持て」と教えていたのです。

私は、アルバイトだから満足な研修も受けられないのだと思っていました。しかし、その春入社した同じ卒年の新入社員達にも、十分な研修はなかったのです。仕事を学ぶ機会も自ら創り出すべきと、社是に説かれた仕事の哲学が徹底されていました。

「結果が出ないのには2つの理由しかない。努力の仕方が足りないか、努力の仕方が間違っているかだ」

「正しい努力の仕方を、自ら掴み取りにいかなければならない」

「与えられることを待っていては、言われたことをやっているだけでは駄目だ」

ようやく合点のいった私は、このまま辞めさせられるわけにはいかないと、さまざまな工夫をし始めました。

まずは、先輩達のつくった企画書・営業資料、受注事例のレポートが収められた「資料室」という部屋に籠り、それらを懸命に読み込みました。その時コピーした資料を積み上げると1メートル以上にはなります。そして社内報に掲載されている先輩社員の活躍を綴った記事を、貪るように読みました。

「どうせやるなら徹底的にやろう」

アルバイトの私には遠い存在だったトップセールスと言われる先輩社員達にも、話を聞きまくることにしました。

皆さん、昼間は忙しそうなので、呑みに誘ったり、ランチ時間に押し掛けたり。

そうやって、先輩、トップセールス達のやっていることを見様見真似で実践しているうちに、少しずつ業績が上がり始めました。大手顧客から大きな新規受注も獲得することができました。

「自ら機会を創り出し、機会によって自らを変えよ」と社是に説かれたことの実践が、私を大きく変え始めました。思いもよらなかった自分の可能性が開けてきたのです。

リクルートは、自らを変えようとする者に、大きなチャンスも与えます。それは、アルバイトで働く私に対しても同様でした。

入社して1年程経ったある日、課長から呼ばれ「来月から、お前がこのお客様を担当しろ」と告げられました。

それは当時の課のメインクライアントで、全社でも取引高が上位に入る重要顧客です。「アルバイトの私に?」と耳を疑いましたが、先輩社員が担当していたその会社は、私のほうが取引を伸ばせそうだと言うのです。「私にはとても無理です」と断りましたが、もう決めたことだからと聞き入れてくれません。渋々、私は引き受けました。

その会社はＩＢＭ。当時、世界最大のコンピューターメーカーです。私はそんなことすら知りませんでした。

これには、後日談があります。重要顧客をアルバイトに任せるのはいかがなものかと、担当役員が反対をしたそうです。しかし、課長は「大友なら大丈夫です。私が責任を持ちますから任せてください」と言ってくれます。

そのことは、たまたまエレベーターに乗り合わせたその役員本人から、直接聞かされました。「私は反対したけど、彼がどうしても任せてみたいって言うから……」と。今にして思えば、自信なさげな私を激励しようと声をかけてくれたのだと思います。

アルバイトであっても、自ら機会を創り出そうとする者に、チャンスを与える。江副さんのつくった社是を、まさに体現する上司でした。

前述のように、その課長は営業のやり方の細かいことはアレコレ言いません。ただし、要望性が高く仕事に対するスタンスには大変に厳しい人でした。

「営業とは自分自身を売ることだ」と、知識・スキルだけでなく、人間力を磨くことの大切さを教えられました。読むべき本を読んでいないなど、自己研鑽を怠っていると厳しく叱られます。リクルートの社是に説かれる「圧倒的な当事者意識を持つこと」の大切さ、仕事の哲学を徹底的にたたき込まれました。

自分の営業としてのスタンスの甘さを叱責され、情けなくて悔しくて、涙を流したことは数えきれないほどありました。行きづまった私に、「この本を読んでみろ」と渡してくれる優しさにも、また泣きました。

営業としてなかなか成果が出せず、2か月ごとのアルバイト契約の更新時期が来るたびに、クビになるのではとビクビクしていた私。そんな私に、「お前は、一生懸命やっている。やり方がわかっていないだけだ」と厳しくも、私の持つ可能性に期待し、励ましの言葉をくれたその課長がいなければ、今の私はありません。

私は、リクルートのＤＮＡ、仕事の哲学を体現する上司・先輩達と、その企業文化に育てられました。

従業員満足度ナンバーワンを目指して

その後、前述のＩＢＭの取引を大きく伸ばすなどの実績を上げ、私は社員に登用されました。トップセールスと言われるような業績を残し、最年少で課長、部長、事業部長。そしてグループ会社の役員になるまで、リクルートで23年のキャリアを歩んでいくことになります。

一介のアルバイトだった私にチャンスを与え、その可能性を引き出してくれたリクルートが、上司や仲間達が、私は大好きでした。苦手だった営業の面白さを教えてもらい、寸暇を惜しんでがむしゃらに夢中になって働きました。もちろん、苦しいこともたくさんありましたが、仕事が楽しくて仕方がありませんでした。

仕事への満足度が高いだけでなく、経営層・上司・職場の仲間への信頼感があり、組織の一体感を持つ会社。仕事・組織・上司への満足度の高い会社は大きく伸びていくことを、私は急成長していくリクルートで目の当たりにしてきました。

従業員がモチベーション高く活き活きと働き、力を磨き発揮すれば、顧客に高い価値を提供できます。顧客への高い価値提供によって、売上・利益が伸び、利益が上がれば従業員の処遇も上げられます。処遇が上がれば従業員はさらにやる気になり、ますます力を発揮し、顧客への提供価値を高めてくれます。その好循環が、企業を大きく成長させていく。従業員満足度を高めていくことが経営にとっていかに大切かを、私はリクルートで身をもって学んできました。

今やリクルートは、江副さんの経営哲学、DNAを継承し、圧倒的な当事者意識を持つ社員達の力で、売上高2兆円を超え、全世界に5万人を抱えるグループ企業になりました。しかし、その過程の中で経営の合理性をより追求するようにもなっていきます。

私は、グループ会社の役員となりましたが、そこに違和感を覚え始め、45歳でリクルートを卒業することにしました。

かつてのリクルートのような企業文化を創っていける会社。若い人たちが私の味わったような成長感、満足感を持てる会社を探そうと、転職活動を始めました。

そして、最初に会った経営者が冨田でした。

リクルートOBの先輩から「ぜひ、会っておくべき経営者がいる」と紹介され、冨田の面接を受けました。

温和な表情で「大友さんはリクルートを卒業して、何をしたいの?」と聞かれ、「かつてのリクルートを超えるような、従業員満足度の高い会社を創りたいです。私が経験してきたような大きな成長感、満足感を若い人たちにも味わわせてあげたいのです。それを実現できそうな会社を探しています」と即答しました。

するとした冨田の顔つきが変わりました。「私もだ！　私は創業以来、リクルートに憧れ、リスペクトし、リクルートを超えるような会社を創りたいと思ってやってきた。ぜひ一緒にやろう」と溢れんばかりの情熱がこもった声で言います。

「従業員満足度ナンバーワンの会社を創りたい」という冨田の熱い思いに、心が大きく動きました。私はその場で握手を交わし、ディップへの入社を決意。

まさに、運命的な冨田との出会いでした。

そして、初出社の日。伝聞でしかなかった、創業当時から「やると決めたら必ずやり遂げる」冨田の凄さを、200人の入社内定者を前にして思い知らされることになります。

従業員満足度ナンバーワンの会社を創りたい。そのために多くの新卒社員達と、新たな企業文化を創っていく。冨田の思いがどれほど強いものなのか、私は入社早々に深く感じることになりました。

私は、寝食を惜しんで、冨田が思い描く人、組織、企業文化創りのために奔走していくことになります。

第一章

夢とアイデアと情熱で切り拓いた創業

冨田の創業の苦難

「従業員満足度ナンバーワンの会社を創りたい」との冨田の強い思いへの共感に加え、私がディップに入社を決めた理由は、もう一つありました。それは、創業からマザーズ上場に至るまでの想像を絶する苦難の数々を、冨田が乗り越えてきたということです。

私は社会人になって早々につまずき、リクルートでアルバイトから身を起こし多くの苦労を重ねてきました。左遷や事業リストラ、降格など、サラリーパーソンの悲哀と言われることは大概経験しています。

「艱難（かんなん）、汝（なんじ）を玉とす」との大好きな言葉がありますが、まさにこの言葉通り、苦難こそが人を磨くということを痛感してきました。

冨田と意気投合できたのは、従業員満足度ナンバーワンを目指すとの情熱に惹かれたことと、創業からの多くの困難を乗り越えてきた経営者であることに、大きな魅力を感じたからでした。

私が心を動かされた創業からの苦難の歴史。私が冨田に惚れ込み、その経営を支えたいとの思いを強くした、波乱万丈のドラマを綴ります。

夢はあっても資金がない

社名の由来である「夢（ｄｒｅａｍ）とアイデア（ｉｄｅａ）と情熱（ｐａｓｓｉｏｎ）」のみをいだき、冨田がディップを設立したのは1997年3月のことでした。

起業を決意し、無一文で準備を始め、資金を得て会社を設立するまでの2年半。後述するような大変な苦労を重ねます。お金もない、仲間もいない、たった一人からのスタートです。

経営者であった父親に憧れ、その背中を見て育った冨田は、小さな頃から社長になることが夢だったそうです。しかし、一代で教育機材販売事業を起こし、財を築いた父親は、バブル経済崩壊のあおりを受けて全財産を失ってしまいます。

冨田には、父親から承継できる会社も財産も、何一つありませんでした。

大学を卒業し、2つの企業で営業を経験。その後、赤字の英会話スクール再建の依頼を受け奔走することになります。そのスクールは、父親が知人に経営譲渡したものでした。

冨田は、経営や営業に関する本を寝る間も惜しんで読み、経営者としての基礎を養います。成功している同業他社を徹底的に研究し、スクールの経営立て直しに考えつくあらゆる手を打っていきます。

そして、短期間で単月の黒字化を成し遂げます。スクール経営で最も重要な生徒募集とその効率化を成功させたのです。

さらに、英会話スクールのオーナーに、教室の拡張と、事業拡大のためにひらめいた、あるアイデアの実現を提案します。しかし、そのオーナーは投資を惜しみ、「ほどほどの黒字が出ればいい」と、規模の拡大にもアイデアの事業化にも反対しました。

事業の立て直しとその成長に必死になっていた富田は、「ほどほどに」という指示に従えません。オーナーと袂を分かち、アイデア実現のために起業することを決断します。

そのアイデアとは、キオスク端末（情報サービスを提供するためコンビニなどに置かれている機器）を設置し、利用者がその端末から、スクール、ブライダル、海外旅行、自動車等の欲しいカタログを、無料で請求できるという仕組みです。

企業は、その利用者を見込み客として集め、マーケティングを大きく効率化できます。リクルートが有料の情報誌を通して行っていた得意分野において、デジタル技術を活用し、無料で情報を提供しようと考えたのです。インターネットがまだ普及していない時代。欲しい人だけに欲しい情報を届けるというシステムが、ほとんど存在していない１９９５年当時では、画期的なアイデアでした。

冨田は「こんなにも素晴らしいアイデアなのだから、すぐ収入に結びつくはずだ」と、失業保険をもらうこともなく、起業へと突き進んでいきます。

しかし、事はそう簡単には運びませんでした。最初に立ちふさがったのは資金の壁です。会社をつくろうにも資本金がなかったのです。当時は今と違い、株式会社設立には最低でも1000万円の資本金が必要でした。

地元名古屋で1995年から始めた会社設立の準備は、友人などからのサポートを受けながら、事業計画を東京や大阪など多くの企業に持ち込むことから始まりました。アイデアに投資をしてもらおうとしましたが、「いいプランだ。面白いね」とは言ってもらえるものの、出資してくれる人はなかなか見つかりません。

そんな時、中小企業創造活動促進法というベンチャー企業の支援施策を知り、個人で認定を受けることに成功します。意気揚々と融資を受けるため愛知県の保証協会に行くと「ベンチャー企業はリスクが高い。担保と保証人がなければダメです」と追い返されてしまいます。

「何のためのベンチャー企業支援か。そのための認定制度ではないか！」と強く抗議をしますが、いくら言っても相手にされません。すでに英会話スクールを辞めてから2年。この間の収入はなく、親戚・知人に迷惑はかけたくないと消費者金融から借金をしながらの日々。この制度で融資を受けられるはずとの目算ははずれ、冨田は崖っぷちに追い込まれます。

すでに家庭を持っていた冨田は、父親からも「子供がいるのに、いつまで夢を語ってるんだ。いい加減に目を覚ませ」と厳しい言葉を投げつけられたそうです。周囲からも「夢を見過ぎ」と言われてしまいます。

親も仲間も親身になって心配してくれていることはわかります。それでも「成功は、障害や困難を乗り越えて掴むものだ！」と心の中で叫びます。家族のためにも「このままでは終われない」「逃げる人生にはしたくない」と諦めません。

監督官庁の通産省（当時）にまで出向き、「認定を取ったのに融資を受けられないのはおかしい」と抗議を繰り返します。そして、そのやり取りの中で、保証協会は都道府県ごとの独立採算制なので、愛知県以外の保証協会に行けば可能性があることを知ります。

地元を離れ他県に行こうかと考えあぐねていた時、偶然観たＴＶ番組が、冨田の運命を大きく変えました。

その番組で、人材派遣大手パソナグループ代表の南部靖之さんとソフトバンクの孫正義社長が、若い起業家を支援するため「ジャパン・インキュベーション・キャピタル（ＪＩＣ）」をつくることを知ります。

藁にもすがる思いでＪＩＣに事業計画書を送ると、それが認められ、パソナの本社オフィスに机を１つ、月５０００円で借りられることになったのです。

冨田は家族とともに東京へ出ることを決意します。

東京では、６畳１間冷暖房なしの生活。２人目の子供もいる中、３か月後の家賃はなく、実家から送ってもらったお米を炊き、生卵をかけて食べる日々だったそうです。

そのような想像を絶する苦労の末、ＪＩＣやパソナの支援もあり、ようやく東京の保証協会から念願の融資を受けられることになりました。

１９９７年３月14日、ついにディップ株式会社が設立されました。起業を決意してから約３年、冨田がちょうど30歳の時でした。

資本金１円でも会社をつくれてしまう今とは、比べ物にならないぐらい起業のハードルは高いものでした。ベンチャー企業の資金調達の環境も、ほとんど整っていません。

会社設立の資本金調達の目途もなく、夢とアイデアだけで起業に突き進むその大胆さには驚かされました。私もリクルートで新規事業の立ち上げを何度か経験してきましたが、必要な資金は全て会社が用意してくれます。新しいビジネスを創り出そうとする覚悟が全く違うと痛感しました。そして資金を手にするまでの執念が凄い。

冨田はよく「私は運の引きが強いんです」と言います。その引きの強さを生んでいるのは「最後まで諦めない」執念と、自身のアイデアに対する絶対の自信。そして夢を掴み取るため「チャレンジし続ける」気迫、情熱なのだと感じ入りました。

世界的大企業との戦い

会社設立後、冨田はカタログサービスのアイデアを事業化するため、大手外食チェーンに対してキオスク端末設置の営業活動を始めます。人が多く集まり、十分な端末設置スペースもある飲食店であれば、新サービス実現の商機があると考えたのです。

そして、持ち前の大胆な営業力を発揮。大手外食チェーンの社長の住所を調べ、手書きの手紙に提案書をつけて送付します。

やがて、すかいらーくの社長であった茅野亮さんや、日本マクドナルドの藤田田さんなど、大手企業の名立たる社長、役員と面会を重ねられるようになりました。

こう書くと、いともたやすく大会社の社長に会えたように聞こえますが、社長にダイレクトメールや手紙を送ることは、どんな営業でも普通に行っていることです。しかし、手紙を書いたからといって、「じゃあ会いましょう」とは簡単にいきません。大手外食チェーンの錚々（そうそう）たる経営者が会ってくれる程、読みたくなる手紙、資料の工夫など、冨田の営業力は相当なものだと感じました。そのビジネスアイデアが相手の心を捉えるものであることは前提として、会いたくなる気持ちにさせる情熱が、半端なものではなかったのだと思います。

そんなある日、2年間通い続け提案を重ねてきた大手外食チェーンを訪ねると、「先日、同じような企画をＩＢＭが持ってきたよ」と驚きの事実を知らされます。

「自分のアイデアが大企業に盗まれた」と冨田は愕然とし、途方に暮れました。しかも相手は、当時、世界最大のコンピューターメーカーです。

もうすでに2年以上も営業活動を続けてきて、ここでＩＢＭのような大企業に同じビジネスモデルで参入されたら、ひとたまりもありません。やっとの思いで会社を設立し、考え抜いたアイデアを実現するために奔走していた冨田を、大ピンチが襲います。

「ピンチに陥った時に、一番恐れないといけないのは恐怖心だ」と冨田は言います。その恐怖心を振り払うように「ピンチはチャンス」と心の中でくり返しながら、ＩＢＭに勝つ方法をあれこれ考えたそうです。「どんなピンチも視点を変えればチャンスになる」と。

そうして、冨田は大きく発想を切り替えました。大企業と戦うのではなく、提携を申し込み、一緒に事業を推進できないかとの大胆なアイデアにたどりつきます。

「自分がやりたいのはマーケティングを効率化する事業だ。ＩＢＭと組むことによって、アイデアを早期に実現できる」「ＩＢＭがキオスク端末を設置し、普及させてくれればチャンスだ。自分はコンテンツ提供に専念しよう」

このような発想の転換によって、冨田は「ピンチをチャンス」に変えようとしました。

2年以上、寝ても覚めても考え続けてきたアイデアです。「誰よりもこのサービスを知りつくしている」と自信に溢れた提案を、世界的大企業相手に臆することもなく行ったそうです。

この時、ＩＢＭにプレゼンテーションしたビジネスプランが、後の「無料カタログ送付サービス」へと発展していきます。キオスク端末上にはさまざまなカテゴリーのカタログが並びます。利用者は、その端末から欲しいカタログを請求し、企業側はカタログ請求をした見込み客の情報を収集できるという仕組みです。

ＩＢＭ側も、「マルチメディアステーション」と名付けた端末により、さまざまな情報サービス事業を展開したいと考えていたところで、「非常に面白い」と賛同してくれました。冨田のアイデアと情熱が巨大企業を動かしたのです。

こうして日本ＩＢＭとの提携の話が進みましたが、その契約には、2つの大きな課題がありました。

1つ目は、端末上にカタログを載せたいクライアントへの営業を、ディップだけでやらなければならないこと。２つ目は難題でした。ＩＢＭにシステム開発費と利用料を支払わなければならないということです。またもや資金の壁にぶつかりました。それだけのお金はありません。こちらから提携を申し込んだ以上、どちらもクリアしなければなりません。

冨田は「ここが正念場」と考え抜きます。

そしてシステムが開発前にもかかわらず、先にカタログを掲載してくれる企業集めを開始しました。しかも、システム開発費・利用料に充てるため、１年分の掲載費用を先払いという厳しい条件を付けてです。

冨田は片っ端から企業を回り始めました。

当時は、電車代さえ事欠く状況で、地下鉄の２、３区間を歩くのは当たり前。靴は２か月で穴が開いたそうです。ボロボロになった靴を見て、自らの働きぶりに事業の成功への確信を強めていったと言います。

この凄まじい情熱に溢れた営業には、考え抜かれたある戦略がありました。

「お客様の方から買いたいと言っていただくのが営業の極意だ」と、冨田はよく社員達に話します。

１年分の掲載料金を先払いする条件でも、企業がこぞって参画したくなる戦略。それは「コンビニエンスストアに設置されたキオスク端末で情報発信できる企業数は限られていて、審査を通った選ばれし企業のみが参画できる」と伝えていくことでした。飲料や食品メーカーが、コンビニの棚を確保するためにしのぎを削っていることから着想を得た戦略です。

その作戦は企業の参画意欲を大いに駆り立て大成功します。十分な社数のクライアント、システム開発費と利用料をわずか半年間で集めきります。

「自信だけはあったんですよ」と当時を振り返って、冨田は笑いますが、その考え抜かれた営業に感嘆しました。私はリクルートで、伝説のトップセールスの一人と言われるようなセールス記録の持ち主でしたが、所詮はリクルートの看板があってのことです。全く無名の会社で、まだ形になっていないサービスの営業を、しかも代金先払いでやり抜き結果を出すとは、本当に驚きです。

私は、冨田のアイデアと情熱に溢れた凄まじい営業の魂、創業者精神を、社員達と共に引き継いでいかねばならないと強く思いました。

この提携劇を成し遂げた「ピンチはチャンス」との発想の転換力は、この後、さらに驚きの大逆転のドラマを生むことになります。

無給で創業を支えたメンバー

冨田はＩＢＭとの提携話を進めていた頃、前職の仲間と再会しました。ＩＢＭと組むことを話すと、２人の部下を連れて一緒にやりたいと言います。

給料をすぐに払えなかった冨田は「リクルートを超える会社を一緒に創ろう！　給料は出世払いでどうだ？」と口説いたそうです。その時のことを、今も在籍する社員は、「社長のドでかい夢、アイデアに魅せられ、情熱に溢れる言葉に感動し、しばらく無給でも一緒にやりたいと思えた」と語ります。

社長だけのたった一人の会社、まだサービスも形になっていない会社で無給で働くとは驚きです。「この経営者と一緒にやってみたい」と思わせた冨田の言葉の力強さと情熱がどれほど凄かったことか。その、人の気持ちを動かす力に、私は深く感じ入りました。

新しく加わった仲間たちは1泊4000円ほどのビジネスホテルの一部屋を借り、そこで半年間を過ごします。１つの机を４人が共有し、固定電話は1台だけ。外にある公衆電話で営業のアポイントを取っていたそうです。

３か月間給与は払えませんでしたが、夕食だけは出しました。冨田も含めて４人で食費は1日1000円。死にものぐるいで営業しながら、カップラーメン、おにぎり、100円バーガーでお腹を満たす日々。

そのギリギリまで切り詰めた努力と執念の営業の末、IBMとの約束のシステム開発費と利用料は半年で集まり、システムが完成します。端末のカテゴリーには、車・ブライダル・各種スクール・旅行・人材派遣などが揃い、多くの企業が並びました。ついに冨田は事業の第一歩を踏み出したのです。

IBMに費用の支払いを終えた日、冨田は社員を誘い、お祝いの外食に出かけます。「今日は、カップに入っていないラーメンを食べよう」と店に入り、冨田がチャーハンを一緒に頼もうとすると、社員は目を丸くします。「そんなに贅沢しておカネは大丈夫ですか?」と真顔で聞いてきたそうです。

その日に食べたラーメンの味は、冨田と社員達にとって忘れられないものだったに違いありません。

それまでたった一人でやってきた冨田は、苦労を分かち合える仲間がいることの有難さ、仲間と共に夢を実現していくことの楽しさ、喜びの大きさを感じたのだと、私はその話を聞いて思いました。そして、今に続く冨田の社員達への深い愛情の原点は、この時にあるのだと思っています。

再び立ちはだかる資金の壁

１９９８年1月、日本ＩＢＭとコンテンツパートナー契約を締結。「無料カタログ送付サービス」は、首都圏１０００店舗のコンビニエンスストアで運用が開始されました。

翌年1月になると、トヨタ自動車や本田技研工業をはじめとする１１６社が参画し、約1億円の売上を計上するまでに成長します。2月には、ＩＢＭより「年間最優秀コンテンツ」の表彰も受けました。

そんなある日、クライアントである大手人材派遣会社の担当からクレームが入ります。「カタログ請求数が掲載費に見合うほど多くない」。加えて、「本当に欲しいのはカタログを請求してくる人の情報ではない」と言われてしまいます。「派遣会社が本当に望んでいるのは、個別の仕事情報の提供であり、その仕事に応募したい人を集めることだ」と聞かされます。

その話に着想を得た富田は、「人材派遣お仕事情報サービス」という新たなコンテンツを立ち上げます。お世話になっていたパソナをはじめ、コンビニエンスストアのキオスク端末による新たな広告手法に興味を持つ、大手の人材派遣会社が次々に参画。これが今や業界ナンバーワンを誇る「はたらこねっと」の前身となりました。

その頃、世の中ではインターネット革命という巨大なムーブメントが巻き起こりつつありました。冨田は早い段階から、「いずれこのサービスはインターネットでも展開できる」と予想していています。

当時は紙の求人情報誌が主流です。求人広告スペースに掲載できる情報量は限られていて、広告スペースを大きくするには費用がかかります。

「ネット上であればスペースを気にすることなく、より多くの情報の提供が可能になる」。冨田は企業にとってだけでなく、何よりも求職者にとって、豊富な情報量で役に立つサービスを展開できると考えていたのです。

ここでもまた立ちはだかったのが、資金の問題です。

ネットビジネス参入のための資金調達については、すでにカタログ送付サービスの実績があるため融資を受けやすいと考えていました。しかし、銀行をはじめとする金融機関、ベンチャーキャピタルのいずれも答えはノーです。当時のベンチャーキャピタルは、今のように企業の将来性に投資をするのではなく、上場が見通せるところに出資することがほとんど。ベンチャー企業の資金調達は、大変に難しいものでした。

日本で資金を得られないのであればと、冨田はアメリカのシリコンバレーに行くことを決めます。

　当時、シリコンバレーで資金調達しようと考えること自体、稀有なことです。ここでも、また、大胆な発想と行動力に驚かされました。

　冨田は「シリコンバレーであれば、自分のアイデアを理解してくれるはず」、そう信じて渡航し、ひたすら投資家や企業を回り始めます。

　しかし、アイデアには非常に興味を持ってくれるものの、資金調達はなかなかうまくいきません。アメリカのベンチャーキャピタルは資金を出すだけでなく、共に会社を成長させるという考え方のため、「日本での事業には関われない」と言われてしまいます。

　シリコンバレーまで行き、何の成果も得られず普通ならガッカリするところです。しかし冨田は、シリコンバレーで、インターネットビジネスへのビジョンや夢に対する思いが、さらに強くなったと言います。アメリカはインターネットサービスの勃興期で、ヤフーなどが注目を浴び始めているのを目の当たりにしたからです。

　苦境に追い込まれる程、アイデアを考え抜き、その実現への情熱の炎を明々と燃やすのが、冨田の真骨頂です。その執念が、また新たな幸運を引き寄せます。

　ある日、日本からビッグニュースが飛び込んできました。

　ソフトバンクの孫正義社長が中心になり、米国証券市場のナスダックを日本に誘致し、ベンチャー企業を次々に上場させると発表したのです。その頃の日本では、上場にかかる年数が平均25年ほどで、実績のある大企業でなければとても難しい状況だったそうです。しかし新市場では、将来性さえあれば上場させるとの方針です。

「これだ！」と思った冨田はすぐに帰国し、ナスダックジャパンの説明会に参加します。会場には投資家など1000人以上もの人が集まっていました。

冨田のプレゼンテーションは高く評価され、複数のベンチャーキャピタルから問い合わせが寄せられます。

「日本にもようやくベンチャー企業に投資する環境が整ってきた」。そう思った冨田は、事業の成功への確信をさらに深めたと言います。

そしてついに4億円もの資金が集まりました。

ここまで、資金の問題が常に冨田を悩ませてきましたが、「お金で苦労をしたことがよかった。お金の使い方を大切にする経営感覚が磨かれた」と振り返っています。

こうして2000年10月、その資金をもとに業界初の派遣情報ポータルサイト「はたらこねっと」が誕生しました。

「はたらこねっと」「バイトル」の誕生秘話

「はたらこねっと」が誕生した時、インターネットの家庭普及率は、まだ18％程しかありませんでした。

業界最大手のリクルートが、「タウンワーク」を創刊したのは、その2年前の1998年です。それからフリーペーパーが一気に普及していきます。有料・無料誌を合わせ、紙の求人情報誌が全盛の時代に、いち早くインターネットでの派遣求人情報の提供を始めたのです。

当時、私は人材派遣大手リクルートスタッフィングの役員でした。派遣スタッフを募集する側にいたので、インターネットで求人サービス事業を立ち上げることの難しさがよくわかります。ネットだけで求職者を集めるのでは、クライアントが期待する効果が十分に得られないからです。

しかもインターネットサービスは差別化が非常に難しいことを、冨田はよくわかっていました。ここでも、抜群の発想と行動力で、新たなアイデアを実現します。

インターネットを使えない多くの求職者に情報を届けようと、全国7500店舗（当時）

を展開していたローソンと提携します。ローソン店内にある情報端末「Ｌｏｐｐｉ」でも、派遣会社のお仕事情報サービスを提供することを考えたのです。コンビニの情報端末とインターネットを融合することで、全ての人が同じ情報を得ることができるようになります。それがサービスの大きな差別化になりました。

ネットビジネス参入のタイミングを読む先見性と参入に当たっての差別化のアイデア。経営判断の難しい局面を、驚くような発想で打開していく冨田は、よく「アイデアが降りてきた」という表現をします。

しかしそれは偶然降りてくるのではない。冨田が四六時中、事業のことを考え抜き、アイデアに欠点がないかを検証し続けているからこそ生まれる。それが、その後の長い付き合いでよくわかります。

冨田は当初、派遣の仕事情報のインターネットサービスに加え、不動産情報の提供も行いたいと考えていたそうです。実際、大手の不動産会社からのカタログ掲載依頼が増え、派遣会社と同様に将来有望なマーケットであると予想できました。

しかし、そこで「選択と集中」を決断します。

それが功を奏しました。人材派遣の情報提供サービスに労力と資金を集中することで、「はたらこねっと」は、スタート時点から日本一の情報量を誇るサイトになったのです。

２００1年2月には、「はたらこねっと」内でアルバイト・請負の仕事情報の提供も開始します。しかし、「請負会社と派遣会社は違うものなので、派遣の仕事情報と一緒にされては困る」という声がクライアントから挙がります。そこで、請負会社の仕事はアルバイト情報として、「はたらこねっと」から分離独立することにしました。

そうして、２００2年10月、「バイトルドットコム」がスタート。

この「バイトル」のネーミングには、ある格闘技イベントが関係しています。

アルバイト情報の専用サイトを立ち上げようとタイミングを見計らっていたある日。「Dynamite!!」という当時最大の格闘技イベントで、コーナーポストのスポンサー枠に急きょ空きができたという連絡が入ります。「アルバイト層に訴えるチャンスだ」と思った冨田は、その枠を買い、一晩で「バイトル」（バイト情報と格闘技のバトルを組み合わせた造語）というサイト名を考案します。

サイトはまだオープンしていなかったので、「Coming Soon」という入り口のページだけをつくり、広告を先に出すことにしたのです。「Dynamite!!」開催当日、会場では、社員達の出演による手づくりのCMが放映されます。

後に、多くのプロモーション戦略において発揮されていく冨田の、抜群のマーケティングセンスによって「バイトル」が生まれました。

今やアルバイト情報サイトとして日本最大級、ネット単体売上でナンバーワン。ディップの屋台骨となる「バイトル」の誕生秘話です。こういう場面での発想力、アイデアには惚れ惚れします。

冨田は、「進化するものだけが生き残る」という言葉を通して、時代の変化を掴み、時代の先を読み、自らを進化させ続けることの重要性を常々、経営幹部や社員達に語っています。

その話を聞くたびに、夢を実現するためにアイデアを考え抜く。そして、その実現に情熱を燃やし続けることの大切さを、ディップのこれからを担う社員達に、しっかりと伝えていかなければならないと強く思います。

執念が生んだ業務提携

冨田は、ローソンとの交渉を進めていく中で、派遣の仕事情報をヤフーを使って提供できないかと考えるようになります。

ヤフーとは、ＩＢＭとコンテンツパートナー契約を結んだ１９９８年から接触を始めていました。そこでも、大胆な営業、トップセールス力が発揮されます。

冨田はそれまでの営業活動を通じ、正攻法では意思決定者に会えないと痛感していました。そこで以前、ソフトバンクの孫正義社長の講演に行った際、交換した名刺にメールアドレスが載っていたことを思い出します。

「孫さんならわかってくれるはず」。そう信じて直接メールを送ると、なんと孫社長は、すぐに返事をくれたのです。そこにはCC付きで「ヤフーの井上社長、話を聞いてください」と書かれていました。名刺交換をしただけの冨田からのメールに、わざわざ返信をくださる孫社長にも感嘆しますが、超多忙の経営者の心を動かす営業力には驚かされます。

これでヤフーのトップに会えると喜んだ冨田でしたが、井上雅博社長（当時）からはなかなか返事がもらえません。何度「アポイントをください」とメールを送っても一向に返信がありません。業を煮やして、「あなたは孫さんが会えと言うのに会わないつもりですか！」と語気の荒いメールを送ったところ、ようやく返事をもらえたそうです。冨田の執念がうかがえる逸話です。

そうしてやっと会えたのが、当時ヤフーの常務取締役だった有馬誠さんと志立正嗣でした。ちなみに有馬常務は後にＧｏｏｇｌｅ日本法人の代表取締役に。それ以来20年を越える親交を結んだ志立は、２０１９年にディップの社外取締役、２０２０年には取締役ＣＯＯに就任することになります。

2人に初めて対面した時、冨田は「コンビニで提供している求人情報をインターネットで展開するに当たり、ぜひヤフーと組ませていただきたい」と提案。しかし、その段階では、なんとまだサイトができていません。インターネットサービスを行っていないにもかかわらず、ヤフーと提携したいと持ちかけてきたのは、後にも先にも冨田だけだったそうです。まさにここでも、あるのは夢とアイデアと情熱だけでした。

その後、前述した「はたらこねっと」を立ち上げ、あらためてヤフーへ。

情報掲載数ナンバーワンの実績を持って、今度こそと意気込んだ冨田でしたが、検索をはじめとする機能が不十分だったため、志立に提携を断られてしまいます。

しかし冨田は諦めません。志立から出された要望をふまえ、何度も修正をし続け、サイトをどんどん洗練させていきました。

「ユーザーのためにこうあるべきではないか」「これではユーザーは探しにくいかもしれない」等々、志立と議論を重ねながら、出会いから2年半の歳月が過ぎていきます。

当時のヤフーから学んだこと。それは「ユーザーファースト」という言葉に集約されていると冨田は振り返ります。この「ユーザーファースト」は、ディップにとって「人が全て、人が財産」と並ぶ、大事な経営方針となっています。

冨田は、「ヤフーとの交渉で多くのことを学んだ」「志立を心から尊敬している」と言います。そうやって謙虚に他者から学ぶ姿勢、相手をリスペクトする姿も、私が冨田に好感を持つ理由の一つです。

こうして2001年11月。ようやく、ヤフーとの業務提携に漕ぎつけます。

ヤフーとの提携は想像以上の効果をもたらしました。「Yahoo!求人情報」にアルバイト・請負情報、派遣情報の提供を開始すると、アクセス数は一気に増え、新規クライアント獲得のための営業も大きく進みました。事業は急拡大し、それまでの苦労が報われていきます。

しかし同時に、冨田の中に「このままヤフーに頼っていて大丈夫だろうか」という思いが芽生えたといいます。そしてその危機感は、やがて現実のものとなります。

提携解消からの大逆転ドラマ

2003年末、冨田は会社設立時からの念願だった東証マザーズ上場を控えていました。全ての手続きが終わり、株価も決まり、株式の販売も終了しました。

そして上場の3日前。起業家仲間と前祝いをしていた冨田のもとに、突然、ヤフーの事業責任者になっていた志立から電話が入ります。普段、志立から電話が入ることはほとんどなく、妙な胸騒ぎを感じたそうです。

その予感は的中します。

「リクルートと提携することになりました」

志立の言葉は、ディップとヤフーの提携解消を意味していました。

その時、冨田は文字通り「頭の中が真っ白になった」と言います。そして志立の言葉に、しばらく沈黙した後、ただ一言「わかりました」とだけ伝えたそうです。

この時の詳しいいきさつは、第6章に譲ります。

当時、ヤフーの求人情報には「はたらこねっと」と「バイトル」の全案件が掲載され、集客からマーケティングまで、ヤフーに大きく依存していました。7割もの応募がヤフー経由のものでした。提携がなくなれば、広告効果は大きく下がり、売上も一気に減少します。会社存亡の危機です。しかも株式公開の直前に。

「どういうことですか⁉」。主幹事証券会社の担当者が血相を変えてやってきました。そして、「ヤフーとの提携解消のリスクは、目論見書には書いてある。このまま上場できないことはないが、提携があることを前提で買った人から信用を失った状態で市場に出ることになる」と言います。

冨田は、株主の信頼を損なうような上場はできないと即座に辞退をします。

株式公開の日には、クルーズ船を貸し切り、東京湾で社員達と上場を祝う船上パーティーが予定されていました。本来であれば当然、中止です。「クルーズパーティーまで中止してしまったら、提携解消のショックと重なり、社員の士気は大きく下がるだろう。会社が一気にダメになる」。そう考えた冨田は、パーティーを決行。

ヤフーとの提携がなくなっても大丈夫。そのための準備はしてあったことを社員達にきちんと説明しようと考えたのです。そして、船上での「ヤフーからの卒業パーティー」が開催されました。

実は、冨田は、ヤフー依存型のビジネスモデルからの脱却を考え、そのための準備を着々と進めていたのです。

当時の営業は「ヤフーに掲載できます」というトークで営業をしていました。冨田は、そうした現場の意識を変えるべきだと考え「我々はヤフーの営業代理店じゃない。自信を持って自社ブランドを売ろう。ディップとして自立しよう」と言い続けてきました。

営業担当の意識改革と同時に、ユーザーの満足度を高めながらディップの知名度を上げる、自社ブランディング戦略にも取りかかっています。

提携が解消される半年前の２００３年6月、女優の広末涼子さんをイメージキャラクターとした「ディップブランド戦略」を記者発表。バナー広告から、新聞、雑誌、交通広告等のメディアミックスで、ディップの知名度を上げる広報宣伝活動を始めていたのです。

船上パーティーは、冨田の予想を超える大変な盛り上がりを見せました。「ヤフーがなくなった今こそ、自分たちの力の見せどころだ」「ヤフーからの卒業が楽しみです」と、社員達の士気は大いに上がったそうです。全員で、船上から見えるレインボーブリッジに向かって再チャレンジを誓います。

その勢いのまま全社員が一致団結しました。7割ものサイトユーザーを失おうとしている危機的な状況の中で、攻めの営業を続け、その後の業績は落ちませんでした。

そうして2004年5月。株式公開を辞退してからわずか5か月という、日本株式史上最短のスピードで、ディップは東証マザーズへの上場を果たします。

投資家保護のために上場を取りやめたことは、かえって投資家から信頼を得ることにつながりました。売り出し価格は当初の予定より20％高くなり、上場日には値がつかず、翌日に倍以上で初値が。まさに大逆転のドラマです。

それまでも数々のピンチに遭い、それを飛躍のチャンスに変えてきた冨田は、「ピンチはチャンスというのは、私の体験的持論です。しかし、チャンスの時にもピンチを想定して備えておかなければならないという、大きな教訓を得ました」と、この時のことを振り返り語っています。

話は変わりますが、この東証マザーズ上場を支えたのが、現取締役ＣＢＯ（最高事業責任者）の岩田和久です。

岩田は、２０００年５月に入社。冨田が初めて中途採用の求人広告を出し、採用した一人で、ディップの創業メンバーと言ってもいい社員です。

岩田は、入社の年の10月に誕生する「はたらこねっと」を創り上げていく冨田の、情熱に溢れ、考え抜かれた営業を目の当たりにします。冨田と営業の同行をする際は、想定されるあらゆる資料の準備を命じられ、その量は大きな手提げ袋が両手に2つになったそうです。そうして冨田の営業に学び、わずかな期間で大きな業績を上げます。いわば岩田は、冨田の営業の伝道師のような存在です。

その後、冨田に「岩田さんがいなければ、マザーズ上場はできなかった」と言わしめる程の功績を上げ、入社してわずか2年で取締役になります。

ある時、岩田は、幹部社員の退職が続き落胆して「人間不信になりそうだ」と言う冨田に、「私だけは絶対に辞めません」と宣言。冨田を信頼しどこまでもついていくと話したことがあったそうです。

冨田は、その時の岩田を「家庭を守る母親のような存在だった」と称え、全社員の前で、涙を流しながら感謝状を贈ったことがあります。冨田にとって、岩田の存在がどれほど大きなものだったか、2人の信頼の絆がいかに深いものか、痛いほど伝わってきました。

その岩田たち仲間と共に、冨田はマザーズ上場という、創業からの夢を掴み取ります。

上場の日、社員達の前で、感謝の言葉が声にならず涙を流す冨田。その様子を撮影した映像は、大切な宝物として保管されています。

ディップを生んだ、夢とアイデアと凄まじいまでの情熱。そして、創業時からの数々の苦難を乗り越え「ピンチをチャンス」に変えてきた逆転の発想力。「チャレンジし続ける」行動力。そして「最後まで諦めない」執念は、後にファウンダーズスピリットとして言語化され、冨田のフィロソフィー経営の根幹となっていきます。

こうして、悲願だったマザーズ上場を果たした冨田は、序章で記したように大胆な人員投資によって、さらなる飛躍を目指します。

第二章

人・組織・企業文化の基盤創り

管理職の意識を変える

冨田は、傑出したリーダーシップの持ち主ですが、ベンチャー企業の経営者によくありがちな「ああせい、こうせい」というタイプではありません。ディップを選んだのは、そういう意味からも大正解でした。

私はオーナー経営者の会社に行くことを周囲から反対されていました。独断的なオーナー経営だったら、リクルートの自由闊達な風土で育った私には合わない、と言われていたのです。

しかし、冨田は違いました。方針を定めるとどんどん任せてくれます。課題と感じることを進言し、提案をするとじっくりと耳を傾けてくれます。

新卒200人を受け入れる組織体制を半年でつくる。

そして「従業員満足度ナンバーワン」を目指し新たな企業文化を創る。

そのために真っ先にすべきことは、冨田のもとに管理職のベクトルを一つに合わせ、管理職が何をなすべきかを明確にすることだと思いました。

言うまでもなく、組織体制の整備において、一番のカギとなるのは管理職です。その管理職の向かうべきベクトルがバラバラだと、組織、事業の拡大に耐え切れなくなります。中途採用で一気に人員が増える中、思うような組織がつくれなかったのは、そこに課題があると感じていました。

私が入社した2005年10月、350人の社員のうちマネジメントにたずさわる管理職は、スタッフ部門も合わせてわずか24人。営業部門においては、一人で40人もの人社間もない社員達のマネジメントをしているケースもありました。フラットな組織の良さはありますが、メンバーの育成、きめ細やかなマネジメントに手が回っていないようでした。

適切な管理スパンにするために、部課長の増員も急務でしたが、何よりもまず24人の管理職のベクトルを合わせる。そして組織と人の課題を共有し、その解決のために行動を変えていく。そうしなければ、新卒200人の受け入れに耐えられる強い組織はつくれないと思いました。

私は入社早々、冨田に提案をします。

それは、熱海のホテルを使い、1泊2日で管理職を集めた合宿研修を行うことです。現状の課題を洗い出し、打ち手を徹底的に話し合うこと。そして管理職の思いを一つにする必要性を伝えました。

結構な費用がかかるのでＯＫが出るのか心配でしたが、冨田は、即座にＧＯサインを出してくれます。私が何か提案してくるのを「待ってました」とばかりに、二つ返事でした。そして、入社間もない10月の下旬。後に、ディップの〝伝統〟となる「熱海研修」が急遽開催されました。

伝統というのは、この研修を皮切りに、熱海において、新卒研修、リーダー・管理職など階層別の合宿研修が数多く行われ、最大の年間行事となる社員総会も開催されることになるからです。

多くの社員達が、熱海でさまざまなことを学び、冨田と役員、上司、同僚と熱く語り合い、たくさんの思い出をつくってきました。熱海は、人と事業の成長のドラマをつくり出してきた大切な場所です。

余談になりますが、なぜ熱海を選んだかというと、パナソニック創業者の松下幸之助さんが行った有名な「熱海会談」の歴史があったからです。

1964年夏、すでに会長に退いていた松下さんは、大幅な減収減益の兆しを察知。事態の深刻さに、急遽、販売会社の社長、経営幹部を熱海に招集します。対策の議論は三日三晩にわたり続きました。

赤字に苦しむ販売会社と現場の軋轢やその惨状をつぶさに知った松下さんは、会談の最後に、苦境の打開への決意を涙ながらに語ります。その涙が、関係が崩壊寸前だった販売会社と社内を団結させ、松下電器復活のきっかけをつくったそうです。

松下幸之助さんの経営哲学とその実践を、書籍を通して学んできた私は、この「熱海会談」の逸話が大好きでした。世界に冠たる大メーカーを築いた創業者が涙を流しながら、人の心を動かし、人々の思いを一つにし、見事な復活のドラマをつくり上げた場所。熱海の駅に降り立つたびに、その話を思い出し力が湧きます。

私が在籍当時のリクルートは合宿研修がとても盛んでした。事業部長、役員だった時も、熱海での研修で、事業の行きづまりの打開や業績を大きく上げるきっかけをつくった思い出があります。

ディップでの初の「熱海研修」は、冨田、役員、管理職が3つのグループにわかれ、現場で起こっている課題を洗い出し、その解決策をディスカッションする形で行われました。

夜は、浴衣姿で懇親会が開かれ、そこでも熱い議論が続きます。中には明け方4時まで語り合っていた者もいます。

長時間の議論を経て提案された解決策は、なんと80件を超えました。マザーズ上場からわずか1年半たらずの間に、社員数60人から350人へと組織が急拡大し、日々の業務に追われる中で山積していた課題と打ち手が見えてきました。

翌年4月の新卒入社に備え、新たなマネジメント体制を構築する。管理職の人員拡充のため、若手社員を大抜擢していく。冨田はその場で意思決定できることを、次々と決めていきます。

参加者からは、「みんなのベクトルが一つになった」「何を変えるべきか明らかになった」「社員が喜んで働ける環境をつくる」「ここで生まれたパワーを現場に持って帰る」と熱い思いと決意が語られました。

冨田を中心に、管理職全員の心のギアががっちりと噛み合い、大きく動き始めました。この時のディスカッションを中心とする研修スタイルは、後に、ディップの管理職研修の定番になります。課長以上の全管理職が集まり、人、組織、事業における課題を共有し、それをどう解決していくかの議論を、今も定期的に開催しています。

トップのビジョン、経営方針、思いを深く理解し、その実現のための方策が共有されて、初めて管理職にも思いが生まれます。その思いが一つになることで、メンバーと組織を動かす大きな力になっていくのだと思います。それを生むには十分な議論が必要です。

冨田は、研修の最後に管理職達にこう語りかけました。

「今回の研修で、私が起業する前に勤めていた会社で初めてリーダーになった時のことを思い出しました。私が任されたチームは非常にやる気がなかったので、どうしたらやる気を引き出せるのかに悩み、読んだ本に、非常に印象に残った一節があります。『人間は、基本的にやる気を持っている。やる気がないように見える人間は、何をやればいいのか、どうやってやればいいのかがわからずにいる。それを引き出してあげられていないだけだ』という言葉です。

メンバーに行動して欲しいと思ったら、まず自ら動くことです。メンバーのために何ができるのかを常に考え、一生懸命に接すれば、必ずメンバーは動き始めます。『この人になら地獄の底までついていきたい』。そう思われるリーダーになって欲しい」

メンバーの可能性を信じ、信頼し、その力を引き出すことの大切さを管理職に伝えようとする冨田の熱い想いが、その言葉にありました。

リーダーの行動規範を定める

冨田の話を聞きながら、私は昔の苦い経験を思い返しました。

リクルートでアルバイトから社員に登用され、27歳の最年少で営業課長になった私は、その3年後に左遷される大失敗を犯します。

トップセールスとしての自負もあったので、部下には「自分の言う通りにやれば、売上が上がる」と、箸の上げ下げまで細かく指示するようなマネジメントをしていました。組織の業績を上げることを最優先にし、かなり厳しい上司でした。

「うちの課長、灰皿投げるんですよ」と、私のマネジメントの厳しさを、尾ひれ羽ひれをつけて面白おかしく語るメンバーの話を聞きつけた広報部が、社内報に「鬼マネージャー特集」と記事にしたことがあります。特集といっても取り上げられたのは私だけ。全社に鬼課長として、名前が知れわたりました。もちろん、実際に灰皿を投げつけたりしたことはありません。投げかけた言葉は、重く厳しく、心に痛かっただろうとは思いますが。

自分ではメンバーの成長を願う、愛あるハードマネジメントだと思っていました。当初はそのやり方で、業績は絶好調でした。ところが、課長になってから2年目が終わろうとしていた頃、環境が大きく変わり、業績が思うように上がらなくなります。

しかし、私はそれまでのやり方を変えようとしませんでした。さらにハードなマネジメントをするようになっていきます。そして、業績が上がっていた時は渋々言うことを聞いていたメンバーの気持ちも、どんどん離れていきました。私は業績の低迷に焦るばかりで、つらく独りぼっちでした。

そうしてある日、役員と部長に呼ばれ、人事異動を告げられます。異動先は地方で、本社のいわば花形部門にいた私は思わず「左遷ですか？」と聞きました。すると役員は「そうだ」と一言。

私はその場で号泣しました。しかし「泣いてもダメ。もう決まったことだから」と取り付く島もありません。

家に帰っても「悪いのは私じゃない。言うことを聞かない部下が悪い」「業績を上げるために一生懸命にやってきた自分のどこが悪いのだ！」と腹立ちが収まりません。そして「もう辞めてやる」と辞表を書き始めました。悔しくて悲しくて、泣きながら。

そうして一睡もできぬまま、朝方、だんだん冷静になっていきます。

自分を見つめ直し、ようやく悪いのは自分だと思えるようになりました。

「組織業績のことばかり考え、部下の成長を本気で考えていなかった」

「自分のやり方に固執し、メンバーの声を聞くこともなく、顧客やマーケットの変化に対応できていなかった」

「仕事の喜びややりがいをメンバーと語り合うこともなく、数字、数字とツメていただけだった」

そんな自分を情けなく、恥ずかしく思いました。私はなんと傲慢になっていたのかと。

そして、新人の時、本気になって私に向き合い、私の可能性を引き出してくれた上司。私が憧れ、理想としていた上司の姿を思い起こします。その姿とかけ離れてしまった自分を心の底から悔やみました。

「もう一度、左遷先で一からやり直そう」。そう決意を固めて、赴任先に向かいます。新たな職場では、部下の成長を願い、励まし、その声にしっかりと耳を傾け、どうしたらお客様のお役に立てるかを、一緒に考え動きました。

一人ひとりと徹底的に向き合い、お互いが解り合えるまで、メンバーがいい仕事をしようと意識と行動を変えるまで、何度も何時間も話し合いました。仕事への厳しさは変わりませんでしたが、部下に接する姿勢を大きく変えます。

そうして3か月、赴任早々、四半期でトップの業績が上がりました。わずか3か月で？と思われるかもしれませんが、左遷先と言われるくらいですから、業績が芳しくなく、伸びシロが大きくあったからできたことでもあります。何より、メンバーが本当によく頑張ってくれました。

管理職としての自分の意識を変え、マネジメントの仕方、メンバーとのコミュニケーションを変えることで、みんなが思っていた以上の力を発揮してくれます。

「自分が変われば、人と組織が変わっていく」ということを実感し、その大切さを心に刻みました。

そうして、左遷されてわずか1年。役員から、「4～5年は地方で頭を冷やして来い」と言われていましたが、再び本社に呼び戻されます。その半年後、最年少で部長に昇格しました。

その後も失敗は数多くありましたが、私のマネジメントの原点となる、大切な苦い経験です。

冨田の言う、地獄の底までついていきたくなるリーダーとは、まさに、私に理想の管理職の姿を見せてくれたリクルート時代の上司でした。

序章にも書きましたが、私が駆け出しの頃、その上司は、私の可能性を信じ、本気で向き合い、厳しくも温かく育ててくれました。リクルートで学んだ、そうしたマネジメントの原則を「褒める　励ます　話し合う」だと、ディップの管理職達にも、自分の失敗談を赤裸々に話しながら、語っていきました。

冨田は、この「褒める　励ます　話し合う」をとても大切なことだと頷き、ディップの管理職の行動規範をつくろうと言います。そして、自らペンを執り「リーダーの誓い」としてまとめ上げたのです。

2006年春。この言葉を机上に置くクリスタルの盾に刻み、部長と課長一人ひとりに手渡しました。

ｄｒｅａｍ
自ら夢を持ち、語り、夢の実現に努力する。私は決して途中で諦めない。
ｉｄｅａ
アイデアは成長、発展の源である。個性を尊重し自由闊達な社風をつくり、イノベーターとして価値あるサービスの創造を追求する。
ｐａｓｓｉｏｎ
まず自らが熱くなり、周りを熱くする。惜しげなく誉め、共に喜び、悩み、励まし、語り合う。チームワークとリーダーシップで一致団結して勝利を勝ち取る。

社名のｄｉｐになぞらえた行動規範「リーダーの誓い」は、やがて「ディップウェイ」として、ディップの「フィロソフィー」の中にまとめられていきます。

そしてその盾は、今も、管理職に昇格した者一人ひとりに、冨田から辞令書と共に手渡されています。

こうして冨田の持つ行動哲学、フィロソフィーが、「リーダーの誓い」として言語化され、浸透が図られていくことになります。

管理職の意識と行動が大きく変わり始めました。

メンバーの心に火をつける

冨田は経営幹部に対して、よく「現場のメンバーはなんて言っている？」「現場のメンバーはどう感じている？」と問いかけます。社員の声をとても大事にします。

私も入社して、何より大切に優先しやり始めたことは、現場の声を直接聞くことでした。同時に、現場のメンバーに励ましを送ることです。

出社初日から、一番気になっていた新規事業のメンバーを会食に誘い、深夜まで、現場で今、何が起こっているのかをあれこれ聞きました。その翌日からも、東京本社はもとより、名古屋、大阪、京都、福岡のオフィスを飛び回り、多くの社員の話に耳を傾けました。

事業・組織の課題とその答えは現場にあります。会議だけでは掴めない現場のメンバーの思いを掴むために、少人数でのランチや、夜の食事も共にしながら話を聞きました。熱海の管理職研修でも多くの課題が挙がりましたが、その背景を直接、自分の耳で確かめる狙いもありました。管理職の声だけを聞いていては、課題を掴み間違えることもあります。

こうしたスタイルは、リクルート時代に身につけたものです。部署を異動した時、新しい組織をつくった際には、必ずメンバー一人ひとりとじっくり話をしました。必要な時は、一人に何時間でもかけます。そうすることで、現場の課題が的確に把握できる。メンバーの声を通して顧客やマーケットの動向を掴めます。何よりどんな社員が、どんな思いを持っているかを知ることができます。

事業は、人が集まってつくられています。人の思いの集まりです。事業の課題を構造的に掴むのは、数字やビジネスモデルを分析すればできますが、大事なことはそれを動かしている人の思いを知ることだと私は考えています。事業の問題の答えの多くは、現場のメンバーの心の中にあるものです。

メンバーとの面談・会食には、現場の課題を掴み対策を講じていくことに加え、もう一つ大きな狙いがありました。それは冨田の「従業員満足度ナンバーワンを目指す」との思いと、その本気度を、社員に直接伝えていくことです。

経営トップの考えは、なかなか簡単に伝わりません。「経営方針は、100回繰り返して初めて伝わる」と著作に書いている経営者もいるくらいです。経営者の思いは、さまざまな場面で、さまざまな形で、伝わるように工夫を凝らしながら伝えていかないと、社員の心に入っていきません。

特に、フィロソフィーや企業理念、ビジョンといった抽象的な言葉になりがちなものは、その伝え方と浸透のさせ方が重要です。

先に紹介したＪＡＬフィロソフィーも冊子にまとめられ、毎朝、組織ごとにその冊子を読み合い、その体現のためにどう行動すべきかを話し合い、一日のスタートを切っていたと聞きます。社訓を、毎日朝礼で全員で唱和してから業務をスタートする会社が多いのも、同じ理由からだと思います。

何度も伝える、伝え方に工夫をすることに加え、もう一つ大切なことは、経営幹部や管理職が、そのトップの思いを、自分の言葉で語り伝えていくことです。

現場の声を聞く一方で、冨田の思いの伝道師となって、その熱い思いを私の言葉で語っていきました。

「社長が従業員満足度ナンバーワンの実現にどれ程本気なのか」「その実現のために、今何がみんなに求められているのか」、日々熱く語り続けました。全国を飛び回り、毎晩のように、多くの社員とひざ詰めで語り合いました。

トップの思いを伝えるだけでなく、社員達がその考えを深く理解し、日々の仕事の中に落とし込み、経営ビジョンを共に実現したいと思ってもらえるように。

私はメンバー一人ひとりに、冨田の夢を伝え、そのアイデアをどう実現するかを一緒に考え、その情熱の火が、メンバーの心にも明々と灯るまで、励ましを送りながら熱く語り続けました。

コミュニケーションを変える

冨田の思いが伝わり、全社員が経営方針、戦略を十分に理解する。そしてその実現のために力を合わせていくには、社内コミュニケーションのあり方を変え、活性化していくことが必要でした。それは、一人ひとりの力と組織力を最大化するために重要です。

私の入社当時、毎週月曜日の朝、全社員を集めて朝礼が行われていました。冨田や役員が方針や戦略を直接社員に語り掛けていましたが、それが十分に理解され、行動に移されているとは言い難い様子でした。私は現場を飛び回り、冨田の思い、経営方針、戦略を社員達に直接伝え始めましたが、それだけでは限界があります。

先程も書きましたが、経営トップの思い、経営方針・戦略は明確な言葉にして、伝え方に工夫をしないと社員達に届きません。また、トップのビジョンを、経営幹部や管理職が深く理解し、どう実現していくかを自分の言葉にして伝えていかないと、メンバーは思うように動いてくれません。

メンバーにとっても、経営方針、戦略に従って成果を上げる。そのために、主体的に行動するには、事業の状況や、方針・戦略の背景などについて十分な情報が必要です。

その情報を社員達に余すところなく伝え、管理職とメンバー、メンバー同士の社内コミュニケーションを変え、行動に変化を生むために新たな施策を始めました。

その一つが、社内報です。冨田は、管理職の「熱海研修」でその発行を即座に決めました。制作のための人員も体制も不十分だったので、随分と苦労をしましたが、入社した翌月から一気に3つの社内報を発行します。しっかりと何度も読んでもらい、社内報を前にして社員間のコミュニケーションが生まれるように、あえて紙で発行することにこだわりました。

1つ目は、『Dreamers』という名の季刊誌です。コンセプトは「経営と現場をつなぐ」。経営方針や戦略を文字にして伝えるだけでなく、それを深く理解し、どう行動に移していくかを考えてもらうための社内報です。

冨田と社員との対談や、戦略の実行に取り組んでいる社員のインタビューを掲載。クライアントから営業担当への期待の声も集めました。A4判カラー16ページ建ての読み応えのあるものです。創刊号は、「管理職熱海研修」の取材特集でした。

2つ目は『えんじょい★でぃっぷ』。冨田が「ディップでの仕事を楽しんで欲しい」と常々語っていたことが、誌名の由来です。

人員と組織が急拡大していく中で、見えづらくなっていた事業・組織・人の動き、全社のさまざまな出来事を、週刊のニュース形式で紹介しました。Ａ４判一枚の両面で素早く読める仕立てです。

３誌目は、『Good Job Report!』。営業の成功事例等を集め、ナレッジを共有するためのものです。

創業時の冨田の情熱に溢れ、アイデアに満ちた営業は、岩田達数人の社員に受け継がれましたが、それが体系化されるには至っていませんでした。営業研修も十分に整備されておらず、急速に営業人員が拡大していく中、各々が見様見真似、バラバラなやり方で営業をしていました。営業の型、成功パターンをつくることが急務でした。

そこで、成果を上げている社員の活躍の様子、営業トーク、いろいろな工夫を紹介。受注事例や広告効果の事例なども掲載し、事業部ごとにＡ４判、４ページで発行していきました。

成果を上げている社員のナレッジをシェアし、成功ノウハウを共有し、パターン化することで、誰でも売れる型をつくっていくことが、新卒を受け入れるために必須でした。

新入社員の営業スキル教育のためだけでなく、入社間もない中途入社の先輩社員が、新人達にアドバイスをするツールとしても、それが必要でした。

私も営業現場に出ました。顧客企業の経営層に対し、メンバーと共に営業をしながら、トークスクリプトや提案資料づくりなどを行い、営業の型をつくることに懸命に取り組みました。

後の話になりますが、冨田が「営業のロールプレイング研修を合宿でやろう」と言い出したことがあります。急な話だったので、熱海のホテルがとれず、伊豆での開催になりましたが、冨田も自ら営業の模範演技を披露しました。

創業時、たった一人で靴底がすり減るまで営業に歩き、ディップの礎を築いてきた冨田は、その営業の成功パターンの共有を誰よりも望んでいたのだと思います。

社内報は、その後WEB化を進め、大きく進化しています。

『Good Job Report!』は『ナレッジマート』という、営業活動に必要なありとあらゆる情報が検索・閲覧できる営業総合ナレッジサイトに。

『Dreamers』『えんじょい★でぃっぷ』は、狙いはそのまま。経営と現場、エリアや部門を越えた社員のつながりをつくり、タテ・ヨコ・ナナメのコミュニケーションを活性化させる『TUNAG』という社内SNSに変わりました。

冨田からも、折にふれさまざまなメッセージが配信され、社員達からは多くの声が書き込まれています。

研修で新入社員の心を動かす

新卒200人受け入れのため、人と組織の基盤づくりにさまざまな手が打たれていく中、教育体制の準備も急ピッチで進められます。

特に心を砕き時間をかけたのが、研修のプログラムづくりでした。新卒の営業職を短期間で育成していくために、専任の部署を設けそのメンバー達と悩み抜きました。

その研修プログラムをつくる発想を得たのが、当時、冨田がよく話していた「三つ子の魂百まで」という言葉でした。

「幼い頃の性格は、年をとっても変わらない」との諺を通し、「三つ子の時までに何を身につけるかで、その後の人生が変わる」と、生まれたての社会人が基本を学び、それを身につけることの重要性を何度も語っていました。

序章にも書きましたが、私も新人の頃、その基本、仕事の哲学を叩き込まれ、自立、成長のきっかけを掴みます。

冨田の話と、自身の経験から、新卒達を早期に自立させ、最速で成長させる。そのために、社会人としての基本姿勢を「スタンス」として学び、身につけてもらうことを、何より大事にし、徹底しようと考えました。

スタンスの日本語訳は、態度・構え・足場です。以下のような例えを使って、新卒達に話をします。

・態度：仕事において、態度が悪いと、周りから見捨てられる
・構え：構えが悪いと、野球に例えるなら、ヒットは打てずスコアも伸びない
・足場：足場を固めないと、山登りでは、壁を登れないし下手をすると転落する

スタンスとは、仕事をしていく上での態度、仕事への向き合い方、仕事の捉え方のことです。正しいスタンスを学び、その上で、知識・スキルを磨き、行動して、初めて成果が出ます。スタンスが悪いと、どれほど努力を重ねても結果はなかなか出ません。モチベーションも下がります。それは、私自身の経験からも痛感していました。

冨田が常々語る、「新卒で最初に入った会社で、社会人としての正しい価値観を身につけさせることが大切だ。それが新卒を採る企業の責任だ」という思いとも一致します。

その価値観、スタンスを学ぶことを中心にした独自のプログラムを組み、「導入研修」と名付け、全国に配属される新入社員を東京に集め、1週間かけて行うことにしました。今も続くこの研修では、ディップの歴史と冨田のフィロソフィーを学び、企業文化を体感することも、大事なプログラムです。

私も、研修の講義を担当しました。私が社会人になってから多くの失敗と苦労を重ね、リクルートで身をもって学んできたことの全てを綴った講義資料を長時間かけてつくり、臨みました。

講義には5時間以上をかけ、新人達の成長を願いながら、時には厳しく声を荒げ、笑いも交え、そして懸命に熱く語ります。どんな講義なのかは、第5章で詳述します。

社会人、ディップの社員としてのスタンスを徹底して学んでもらう導入研修の仕上げは、熱海のホテルを使い1泊2日で行います。熱海に行くまでのわずか1週間の研修で、新卒達の顔つき、態度、研修への姿勢は大きく変わっていきます。

導入研修のハイライトともいえる「熱海研修」の最後のプログラムは入社式です。ディップの入社式は、4月1日に行いません。毎日予復習のテストも行われる、厳しい導入研修を終えて、求められるスタンスを理解した上で入社式を迎えます。

2006年以降、伝統となった新卒熱海研修と入社式の様子をお伝えします。

熱海での1日目の研修が終わった夜は、冨田をはじめ役員、管理職の代表も激励に駆けつける、新入社員歓迎の大宴会です。そこで恒例の「パフォーマンス大会」を行います。

新人達は研修初日の4月1日からグループにわかれ、これからの成長への決意を歌やダンス、寸劇等で表現するパフォーマンスの企画を考え、毎日の練習を開始。「社会人になってなんで踊らされるのですか？」などと疑問の声が挙がったりしますが、その意味をきちんと説明し、理解して臨んでもらいます。

ビジネスの現場ではお客様など、多くの人の心を動かすことが必要です。その人の気持ちを掴むための想像力と表現力を培ってもらいたいということ。そしてチームとしての団結力を養うことが狙いです。仕事は一人だけではできません。仕事をしていくためには、チームワークが大切です。その築き方を学んでもらうのです。

冨田は、その宴会の冒頭、「熱海で同期の絆を深めて欲しい」と語ります。

1週間の厳しい研修を共にやりきり、歌やダンスの練習を通して培われた団結力で、パフォーマンス大会は大いに盛り上がります。

その企画力や表現力を、冨田はじめ役員が評点し上位3チームを選出。優勝してみんなで肩を抱き合って喜ぶチーム、入賞を逃して悔し涙を流しながら慰め合うチームも。会場は、みんなで力を合わせて一つのことをやり遂げた達成感と感動で、大変な熱気に包まれます。そうして、冨田の願う同期の絆が深く結ばれていきます。

宴会の中では、新入社員達から冨田への感謝の思いを伝える、サプライズプレゼントが贈られます。新卒といえども、給料をもらいながら多額のコストをかけて研修を受けられるのは当たり前ではない、感謝すべきことだと教えるからです。それを学んだ新人達は、その感謝の思いを形にします。それは、一人ひとりの決意をしたためた色紙であったりと、さまざまに工夫が凝らされています。

その感謝の思いに応え、冨田、役員、管理職も新卒達をどれだけ待ち望んでいたか、どれだけ期待をしているかを、夜遅くまで、ひざ詰めで熱く語りかけます。

こうして、翌日の入社式を迎えます。

冨田が冒頭のスピーチで伝えるのは、たくさんの会社の中からディップを選んでくれたことへの感謝の思いです。「入社おめでとう」とは言いますが、社長が「入社してくれてありがとう」と頭を下げる会社は、多くはないのではと思います。

その感謝には、もう一つの意味があります。新入社員を育てる喜びを与えてくれることへの感謝です。そこにも、冨田の人に対する思いが表れています。

「今日は、皆さんの第二の誕生日です。生まれてから昨日までは、親御さんや学校、多くの人に守られ、たくさんのことを与えられてきました。社会人として自立し、新たな人生をスタートする今日からは、社会にその恩返しをして欲しい。与えられる存在から与える存在になってください」と社会人として果たすべき使命を語ります。

そして、「今までやってきたことが、そのままでいいのかという視点を、ぜひ持って欲しい」と続けます。新人ならではの視点でディップを進化させていく力になって欲しいと、熱い激励の言葉を贈ります。新人達への深い愛情を感じさせるそのスピーチには、私も胸が熱くなります。

新入社員への励ましの思いは、先輩が仕事の大変さとやりがいを語る演出の凝らされたVTRでも伝えられます。そこには、先輩社員が新人時代、たくさんの悩みや失敗を乗り越え、仕事の喜びを掴んでいく成長のドラマが描かれています。「どんな困難にも挫けずにチャレンジを続けて欲しい」との願いがこめられた感動的な映像です。

式の司会を務める採用・研修担当チームの代表メンバーは、採用活動での出会いから入社式に至るまでの長い期間、新卒達を自分の妹弟のように面倒を見てきたことを振り返り、感極まった声で閉会の挨拶をします。

新入社員の多くが、ディップに入社した喜びに溢れ、盛大な歓迎に感動し、厳しい研修をやりきった達成感で胸を熱くします。それを見た冨田、役員、管理職達も目頭を熱くし、育成への決意を新たにするのです。

終了後、冨田と役員が、新入社員一人ひとりを固い握手で送り出すのも、2006年入社の新卒の「熱海研修」から恒例になりました。その励ましにたくさんの新人達が目に涙を浮かべながら研修会場を後にし、各配属先での約1か月にわたる実務研修に向かいます。

冨田の、新卒達と新たな文化を創りたいとの思いは、「励ましの文化」「仲間、チームを大切にする文化」となって、この導入研修、熱海研修で形になり、先輩社員達にも大きな影響を与えていきます。

感謝の思いを形にする

熱海での入社式の後、新入社員一人ひとりから研修のお礼と決意が、冨田をはじめ役員や参加した管理職にメールで送られてきます。

ディップでは、賞与の支給日や期末、研修や社員総会などのイベントの後に、冨田と役員たちへ「お礼メール」が数多くの社員から届きます。そこには感謝の気持ちと、それぞれが抱いた思いや決意が長文で綴られています。

感謝の思いを持つことの大切さと、「感謝の思いは、形にしないと絶対に相手に伝わらない」ということを、社会人のスタンスとして学んでいるからできることです。「思いを形にするに当たっては、相手の心をどう動かすかを考えることが大切だ」ということも教えています。

研修や社員総会の後であれば、感謝を伝えるだけでなく、そこで何を思い、何を決意し、それをどう行動に移そうと考えているかまで書いて初めて、冨田や役員に感謝の思いが伝わると教えます。感謝の思いが伝われれば、冨田達役員は「次回はさらに充実した研修や総会のために投資をしよう」と思えます。

お礼メールを書くことには、感謝の思いがより深まり、自分の決意がより強く固まっていくという効果もあります。それを社員達は実践してくれています。

感謝の思いを形にすることは、冨田や役員の誕生祝にさまざまなメッセージやプレゼントが届くところにも表れます。冨田、役員達に対してだけでなく、日常のさまざまな場面、上司や先輩、同僚とのやり取りの中でも、当たり前のこととして行われています。

それは、営業の場面で顧客とのやり取りの中でも活かされます。

お客様が商談で会ってくれるのを当たり前と思わない。お客様の大事な時間をいただいたことに感謝する。その感謝の思いを言葉にするだけでなく、いただいた時間を無駄にしないように、お客様のお役に立つ話をしようと考える。持参する資料などに形として表現していく。そういうスタンス、習慣を持つ営業は、顧客から高く評価されていきます。

当たり前のことを、当たり前以上にする。そういう営業スタイルが、ディップを急成長させていく力になってきました。

「お礼メールの文化」は、社員2000人を超える規模にまで成長した組織にも根付いています。新入社員であっても、社長や役員に直接メールを送ることのできる風通しの良い自由闊達な社風は、ディップの大きな強みです。

冨田に、若手社員から直接メールで提案されたアイデアが、即検討され、実行に移されることもあります。お礼メールという形で、現場の声が経営に直接届くことは、有難いことです。現場の微妙な変化を察することもできます。

冨田は、入社式や社員総会等で必ず、社員への感謝の思いを言葉にします。その言葉に心を動かされ、社員達もまた、感謝の思いを形にして、自身とディップの成長の力に変えてきました。

「感謝の文化」が、２００６年入社の新卒達の手で「お礼メール」という新たな文化を生み、大きな力になりました。

社員総会で企業文化を創る

２００６年４月。冨田は、新たな企業文化を創り出すため社員総会を始めます。全国の社員が一堂に会し、冨田の考え、思い、経営方針・戦略を直接聞くことで、全員のベクトルを合わせ、一体感をつくる。そのための大掛かりな仕掛けが必要でした。

会場費、さまざまな演出費用、全国から社員を集めるための交通費等、多額の費用がかかりますが、冨田は開催を決めました。「会社が大きく変わり始めた」ことを、強烈なインパクトをもって社員に伝えたいと考えたのです。

冨田の思いが伝わるよう、社員がその思いに深く感じ入り、モチベーション高く動き始めるように、さまざまな演出に工夫を凝らす社員総会の歴史が始まりました。

初めての社員総会は、渋谷のセルリアンタワーの大宴会場で、広告制作会社のM＆Aや管理職の中途採用などで400人となった社員に、新卒200人も加わり総勢600人で開催されました。

2008年から、1000人を超える規模になる2015年まで、熱海で研修を兼ねて、1泊2日で行ってきました。それ以降は、熱海で最大の収容力を持つ後楽園ホテルでも人数が入りきらなくなり、都内のホテルや舞浜のアンフィシアター等を使っています。

毎年、これでもかというくらいの演出を凝らし、進化させてきた社員総会ですが、その原点は渋谷にあります。

総会を通して実現したかったことは何かを、近年の総会の流れを通してお伝えします。

オープニングでは、前年度の取組と成果を振り返り、冨田の新年度の経営方針発表のスピーチにつながるVTRが上映され、社員のボルテージは一気に上がります。

そして、冨田が自ら考えた登壇の演出でステージに立ち、年間テーマを発表します。本書の冒頭に書いたように、2020年度のテーマは「Loyalty」でした。年間テーマは、毎年、冨田が熟慮を重ね、経営幹部の意見を聞きながら決定します。

いくつかを紹介すると、2017年度は「vision」。設立20周年を迎え、次の10年20年後を考える、会社、事業そして社員一人ひとりがビジョンを描くことの重要性が語られました。2018年度は「新」。事業、個々人が新たな挑戦を開始していくことの必要性が訴えられます。

テーマは、書家の紫舟さんに描いていただき、社内掲示のポスターにしてオフィスのあちこちに貼り、その浸透を図っています。

いずれも、時々の経営環境と社員の置かれている状況を踏まえ、会社がどの方向に進むのかを言語化。社員が勇気と希望を持ち思いを一つにしていくために、冨田が考え抜いたテーマです。

そのテーマに基づく経営方針を、冨田は、2〜3時間の長時間にわたり、伝える工夫と演出を凝らしながら、熱くプレゼンテーションします。TVCMに出演いただいたタレントの方々の登場、サプライズの決算賞与の発表などでも、社員達を大いに沸かせ、モチベーションを高めます。

経営方針を受け、事業・組織人事戦略を説明しますが、岩田も私も、登壇の仕方をあれこれ考えます。岩田は、元バンドマンの経歴を持つので、スピーチの冒頭に熱唱し、社員を大いに盛り上げます。長時間にわたる方針発表が続くので、社員の集中力を高めることにも工夫をしています。

テーマ・経営方針は、それを日々の仕事にどう落とし込むのか、凝った演出のされたVTRで代表社員のインタビューを通し、さらに詳しく伝えられていきます。

そうして社員達の理解を深め、その浸透を図ります。そのVTRをエンディングにして、社員総会の第1部は終了です。

社員達の経営方針の理解とモチベーションが大いに高まったところで、第2部の表彰・懇親パーティーがスタートします。

冨田の思い、経営方針を共有し全社員のベクトルを一つにする。それに加え社員総会のもう一つの大きな狙いは、社員へのねぎらいと、年間を通じて大きな貢献を果たした者を顕彰し褒め称えることです。冨田は、社員の貢献に報いることをとても大切にします。

乾杯の後、冨田はじめ役員がビールサーバーを担ぎ会場を練り歩き、ビールを注ぎながら、ねぎらいの声をかけていきます。社員達はテーブルを囲み、互いの健闘を称え合い、会場はすごい熱気に包まれます。

パーティーのイベントの一つは、前年に入社した新卒社員達の1年間の成長と奮闘を称えるコーナーです。成長の軌跡をまとめたＶＴＲの上映を通して、新人達の健闘を振り返り、その成長を支えてくれた先輩、管理職にも感謝の思いが伝えられます。

第２部のメインイベントは、通期表彰です。

営業成績の優秀者、エンジニア、企画・スタッフ部門の業績貢献者など、通期表彰者は全社員の前で、大々的に称えられます。

通期ＭＶＰをはじめ、ＶＰ、敢闘賞に加え、ｄｒｅａｍ、ｉｄｅａ、ｐａｓｓｉｏｎにちなんだ活躍をした者への表彰。単年度の評価だけでなく、長期間にわたって地道に努力を重ねてきている社員にも光を当てようと、岩田賞など役員の名を冠した賞も設けられています。

課長、部長、事業部長と各管理職層の賞、優秀な成績を収めたチームを称える組織賞もあります。新人が狙うのは、一度しか獲得のチャンスがない新人賞です。

表彰対象者は、全社員の10％を目安に、執行役員会議で業績データ等を用いながらさまざまな観点から厳正に選ばれます。受賞者に、賞金に加えて副賞で贈られるのはハワイ旅行です。

賞金、ハワイ旅行は社員を大きく惹きつけますが、社員総会の表彰で何より大事にしているのは、全社員で活躍した者を褒め称えることです。表彰者が１００人を超える規模になっても、一人ひとりの活躍ぶりが端的に伝えられ、全員がステージに上がります。それをみんなが称え、大変な盛り上がりになります。

表彰の最大の山場は、通期ＭＶＰの授賞です。サプライズで家族からのお祝いメッセージ動画が流れたり、お客様からの感謝の声が届いたり。その活躍ぶりを称える演出、仕掛けがさまざまに工夫されます。冨田と共にトロフィー、表彰状、賞金の目録を贈呈してくれるのは、サプライズゲストとして参加くださるＣＭ出演の大物タレントです。

今、ＭＶＰの副賞は、ハワイ旅行の特別コースになっています。通期表彰者は全員でオアフ島に行くのですが、ＭＶＰは、オアフ島の前にハワイ島に招待されます。しかもビジネスクラスに乗ってです。

部門ごとに選ばれるＭＶＰの人数も多くなってきた近年は、冨田のアイデアでナンバーワンを決めようと「MVP TOP of TOP」賞が設けられました。その表彰場面の演出は、まさにその名誉にふさわしい豪華絢爛たるものです。

通期の表彰者は、一年間の努力が報われて大変に喜びますが、同様に上司や仲間が我事のように喜び拍手喝采を贈ります。そうして、表彰された者は、また一年間頑張ろうと思い、それを称えながら表彰を逃した者は、来年こそはあのステージに上がろうと奮起します。総会での喜びや感動は、新たな一年を支える大きなエネルギーになっています。

１０００人を超える規模になるまでは、終了後、会場を出る社員一人ひとりを、冨田と役員が握手で激励して送り出していました。

こうして、社員総会を起点に、経営方針が社員に浸透し、仲間を褒め称える文化は、組織の隅々に、日々の業務の中に広がっていきます。

社員が増えるごとに、場所を変え、形を変え、さまざまな演出がされるようになってきた社員総会。２００６年から変わらないのは、冨田の社員の奮闘への感謝とねぎらい、それをどう形にして伝えるかという思い。そして経営方針・戦略に納得、共感してもらい、いかに社員を奮起させるかを考え抜きステージに立つ冨田と経営幹部の姿です。

社員総会には、「感謝の文化」「褒め称える文化」「励ましの文化」「一体感、チームワーク、仲間を大切にする文化」が凝縮されています。そして年々、回を重ねるごとに、その企業文化をより強固なものにしてきました。

さらにもう一つ、加える文化があります。

それは「涙の文化」です。社員総会では、表彰された喜びと達成感で涙を流す者や、受賞できずに悔し涙を流す者もいます。拍手を贈られる人、拍手を贈る人、どちらも感動の涙に溢れます。私も何度も、感動と感謝の思いで一杯になり涙を流しました。

涙を流せるくらい仕事で感動を味わえる。たとえ悔し涙であっても、悔しさで泣けるくらい仕事に打ち込める。そして感謝の思いに胸を熱くできるのは幸せなことだと思います。

社員総会は、たくさんの社員とディップの成長のドラマを数多く創り出してきました。ディップの文化を創り出す起点となる社員総会で、冨田の社員を思う愛情とフィロソフィーが深く強く浸透し、社員達の高いロイヤリティを生み出しました。

営業の武器を与える

2006年入社の新卒達が研修を終え現場に配属されて、営業の人員が一気に倍増したところで、冨田は思い切った広告宣伝活動に着手します。

2006年5月。初のTVCMが放映されました。

「バイト探し中ならバイトルドットコム♪」のキャッチフレーズを、真っ赤なネズミのキャラクター「バイチュー」の人形が踊りながら歌います。耳に歌が残る印象的なTVCMです。

営業の現場は大いに盛り上がり、新人達も「あのTVCMのバイトルです」と新規顧客に自信を持って商談の電話をかけ始めました。

冨田は、「基本を学んだ営業が力を発揮するには武器が必要だ。その武器をつくって与えるのが私の仕事だ」とよく言います。ＴＶＣＭは、サイトにユーザーを集める効果をもたらすだけでなく、営業がしやすくなるための大きな武器になりました。

「社員の力を最大限に発揮させるために、何が今必要か？」その環境づくりや仕掛けのアイデアを、冨田は常に考えています。それを実行するタイミングも絶妙です。

新卒の営業職２００人を採用して営業人員が倍増し、掲載情報を一気に集めることができるようになったタイミングを狙い、ＣＭを流してユーザーを大量に集める。豊富な仕事の情報量と高い広告効果で、ユーザーもクライアントも満足します。

創業の頃に掲げられた、「ONE to ONE Satisfaction」とのブランドステートメント。冨田は、従業員の満足度だけでなく、多岐にわたるニーズを持つユーザー、クライアントの満足度もナンバーワンにしようと、マーケティング、ブランディング戦略の陣頭指揮を執ってきました。

２００３年には、広末涼子さんを、初のディップのイメージキャラクターに。２００５年６月には、小雪さん。２００７年には、篠原涼子さんをＴＶＣＭに起用。

当時、篠原さん主演のＴＶドラマ『ハケンの品格』が大ヒット。理想の女性上司像の調査でナンバーワンを取るなど、憧れの働く女性として人気が高く、サイトへの集客に大きな効果を上げました。

２００8年には、上戸彩さんを「バイトル」のイメージキャラクターに起用。その後も、ＡＫＢ48、乃木坂46、岩田剛典さんや、南アフリカを破った日本ラグビーチーム、お笑いのオードリーさん、ピコ太郎さん、霜降り明星さんなどをタイムリーにＣＭに起用していきます。時代の顔を他に先駆けて起用するその選択眼には感服します。

冨田のマーケティングセンスは、商品開発にも活かされます。ｉモードなどで携帯からの情報提供をいち早く展開し、最新の技術も貪欲に吸収。「バイトル」では業界に先駆けてＧＰＳによる位置情報サービスを搭載しました。

大規模なプロモーションも奏功し、２００7年には、ゴメス社のアルバイト情報サイトランキングで、パソコン・携帯の両部門で総合第1位をダブル受賞。「はたらこねっと」においても、ネットエイジア社調査で、ユーザー認知度、応募就業率第1位という大きな成果を上げています。

冨田のユーザー、クライアントの満足度を上げたい、サイトのサービスをナンバーワンにしたいとの情熱がアイデアを生み、その思いが社員達に伝わり、大きなエネルギーになりました。

このような広告宣伝活動と商品開発が、人材育成努力とあいまって、２００6年新卒入社時の売上高50億円は、わずか2年で倍増。１００億円を超え、営業利益は２・5倍と高い成長を生み出しました。

従業員満足度を高める風土を創る

ここで「従業員満足度ナンバーワン」を目指す新たな施策にも触れたいと思います。2006年入社の新卒200人に続き、2007年の新卒109人を採用。そこで、従業員満足度がどの程度向上してきたかを測るため、初めてESサーベイ（従業員満足度調査）を実施することになりました。私がディップに来てから2年目を終えようとしていた時です。

従業員満足度調査は、他社との比較ができるようにと、数千社の調査実績のある大手の専門会社に依頼しました。

結果は総合満足度の偏差値が58・4。IT業界の偏差値平均が54だったので、私は初回の結果としてはまずまずだなと思いました。

ところが冨田はとてもがっかりします。「あれだけ手を打ち、会社、組織が大きく変わってきたのに……」と落胆しました。

私は従業員満足度ナンバーワンを目指すとの冨田の思いが、どれほど強いのかを改めて痛感させられました。そして自分が目標としているレベルがいかに低いかを猛省。満足度ナンバーワンを目指そうと社員に語りかけながら、初の調査とはいえ、そこそこの結果で良しと思った自分が恥ずかしくなりました。

私は、そのサーベイ結果と、そこから読み取れる課題を全社員に説明。そして、その課題に対し、どのようなアクションを起こすかを、人事制度の改変や研修制度の拡充等の施策を講じていくことを、詳細に話しました。

一方で、従業員満足度ナンバーワンは、会社や誰かに与えてもらうものではない。社員一人ひとりの力で創り出し、みんなで勝ち取っていくものだということを懸命に伝えました。

冨田は、与えられることを待つだけの依存心の強い社員ではなく、自らの力でディップを創っていくという主体性に溢れた社員を育てたいと考えています。その思いに応えなければならないと、私は力をこめて語りかけました。

そうして翌年、2回目の調査を行うと偏差値はなんと67・2まで急上昇。同規模の企業群の中では素点で1位です。たった1年で、これだけ偏差値が上がった例はないと、調査会社の役員から大変に驚かれました。

従業員満足度ナンバーワンを目指そうとの冨田の思いが、やっと数字になって表れてきたと心底嬉しく思いました。ディップが大きく変わってきたことを、肌身だけでなく数字で実感できました。２００6年の新卒を受け入れる前、36％だった離職率も12％と大きく改善。

何よりも変わったのは、社員達です。「満足度高く働けるように仕事の工夫をしよう」「満足度の高い組織、会社を創っていこう」との姿勢がより強くなっていきます。

冨田の思いが、社員一人ひとりに確かに伝わり、主体性を持った強い人と組織になり始めました。

それは、財団法人社会経済生産性本部（現公益財団法人日本生産性本部）が実施する「ハイ・サービス日本３００選（第5回）」に、人材業界から初めて選ばれるという快挙にもつながります。

この賞は、イノベーションや生産性向上に先進的な取組を行っている企業を表彰するもので、過去には、イオン、伊勢丹、セブン銀行、カカクコム、無印良品（良品計画）など、名だたる企業が受賞しています。

その後、ＥＳサーベイは、冨田の発案で自分たちの手でつくることになります。

「もう他社と比較する必要はない。自分たちが目指す組織、会社の在り方を、自分たちの言葉で明らかにしていこう」との方針のもと、仕事・組織・上司・会社の満足度を測る１

００項目にわたる独自の調査が設計されました。

作成にはかなり苦労をしましたが、自分たちの言葉で従業員の満足度を測り、時々の経営方針も踏まえたＥＳサーベイを実施できるようになりました。現在は社員の幸福度も測定しています。

それ以降毎年、全社の課長以上が集まり管理職研修を開き、そのサーベイ結果をもとに、会社とそれぞれの組織ごとの課題を明らかにし、改善策を考えています。その研修での議論をもとに、組織ごとにメンバーを交え課題を共有し、自分達で変えられることは何かを考え、仕事や組織運営に活かしています。冨田をはじめ役員達も、その結果から議論を重ね、新たな経営施策を考えます。

こうして従業員満足度の高い会社を、全社員の力で創る。冨田の思いを受け止め、社員達自らが仕事、組織、マネジメントをより満足度の高いものに変えていこうとする風土が創られていきました。

飛躍のためのビジョンを掲げる

11回目の創立記念日となる２００８年３月14日。

冨田は、熱海で開かれた社員総会で、新たなビジョンを発表しました。それはディップが「日本の名だたるメジャーカンパニーの一員になる」という新たな夢でした。

掲げられたテーマは「Go Major!」

「Major（メジャー）という言葉にはいろんなキーワードが隠れています。誰もが知っていること。大きいこと。優れていること。将来性があること。優秀な人材が揃っていること……」。冨田は、ディップをそうした言葉で象徴される企業にしたいと語ります。

創業期の数々のピンチをチャンスに変え、わずか7年でマザーズに上場。2006、2007年と新卒を大型採用し成長基盤を構築。2年で売上高を倍増させ100億円企業にしました。

2008年4月の新卒150人入社を前に、次は、営業利益100億円を達成し、一部上場企業になるとの新たな目標を掲げます。

「メジャーなプレーヤー、社員がいて、メジャーなサービスを提供する。ただ有名なだけでなく、社会から尊敬と信頼と高い評価を集められる企業にしたい」と、新たな夢を冨田は熱く語りました。「ここにいる皆さんとなら、それができる」と社員達への大きな信頼の思いを込めながら。

そしてメジャーカンパニーになるための数々の施策を打ち出します。

プロモーション活動では、プロ野球チーム西武ライオンズのヘルメット広告をはじめ、K-1や、NEC軽井沢72ゴルフトーナメント、パン・パシフィック・テニスなどメジャーなスポーツイベント。そして中田英寿氏を呼びかけ人とする「TAKE ACTION! 2008」での国際サッカー親善試合への協賛を行いました。

さらに東京では数寄屋橋交差点、渋谷駅前、名古屋では栄、大阪では道頓堀といった、それぞれの一等地に大型看板を設置しました。

8月には、人材ビジネスの社会的意義と地球環境をテーマとした初の企業CMも発表。また、新たな人事制度も導入します。メジャーカンパニーにふさわしい人材を採用、育成し、その力を発揮してもらうために「Major Player's Plan」と名付けられます。

冨田の「全員が納得できる人事制度を」との強い思いで創られました。世界有数の人事コンサルティング会社、ワトソンワイアット社（当時。現ウイルス・タワーズワトソン）の日本支社長から直接アドバイスを受けながら、等級、評価、報酬制度を大きく変えます。

制度のコンセプトは、

「最速で一流のプロフェッショナルに育つ」

「勝ち続けるための競争力を磨く」

「仕事の充実とワークライフバランスのとれた働き方で人生を成功させる」

新卒入社の社員達を最速で、競争力のある人材に育て上げ、その人材が安心して長く働き成長し続けられるようにと、制度が設計されました。

とりわけユニークなのが、仕事で成果を出すために必要なスタンスと、そのもとで磨かれるべき知識・スキルを等級ごとに明確化し、重要な評価項目としたことです。

新入社員の等級では、スタンス・知識・スキルの評価ウエイトを業績よりも高い60％としました。業績が高くても、スタンス・知識・スキルの評点が低ければ、総合評価は上がりません。

正しいスタンスを持ち、正しい知識・スキルを身につけなければ、短期的な業績は上げられても、その後の成長スピードが遅くなり、競争力のある人材に育たないという考え方です。

等級が上がるに従って、スタンス・知識・スキル評価のウエイトは下がっていく仕組みで、リーダー職級は業績評価が70％と、より結果責任が求められるようになります。

業績・成果の結果だけで評価するのではなく、業績を上げる力をどう磨いていくのかを明らかにした独特の評価制度は、新卒入社の社員の多いディップの人材力を大きく高めてきました。

ワークライフバランスを取りながら働き続けられる環境・制度も整備されます。
冨田の「新卒を採用し一から育て、新たな企業文化を創ろう」「従業員満足度ナンバーワンを目指そう」との熱い思いはこうして形になり、人と組織と企業文化の基盤が整えられていきました。

そして、冨田のその思いに応えようとする社員達のロイヤリティが高まり、ディップの新たな挑戦へのステージをつくっていったのです。

しかし、順風満帆に見えたディップの成長に、またもやピンチが訪れます。世界中を経済危機に陥れたリーマンショックの影響が、求人広告市場に大きな影を落としたのです。

第三章

大不況を
チャンスに変える

社員の雇用を守り抜く

２００8年9月、リーマンブラザーズの破綻をきっかけに起こった世界的な金融恐慌は、求人広告マーケットにもかつてない大きな打撃を与えました。当時まだ主流だった紙媒体への掲載件数はわずか半年間で４割減となり、人材サービス大手各社は軒並み減収・減益と大打撃を受けます。

年末には、雇い止めで行き場をなくした派遣社員に炊き出しをする、日比谷公園の「派遣年越し村」が大きく報道されるなど、連日暗いニュースが流れていました。

かつて経験したことのない厳しい経営環境の中で、冨田は「なんとしても皆さんの雇用は守ります」と全社員を前に語ります。

その言葉に大きな安心と勇気を与えられた社員達は大奮闘。２００9年2月期の決算では上半期が好調だったこともあり、売上高は１１５億円、前年比22・７％増と業界で唯一の2桁成長を果たし、過去最高の営業利益を叩き出しました。

しかし、前年12月からは月次売上がマイナス成長に転じ、そこから業績が大きく落ち込み始めます。求人数、求人倍率は下がり続け、先行きが全く見通せません。取引顧客には、倒産するところも出始めます。ある日、突然電話がつながらなくなり、そのまま、という会社もありました。

経営幹部の間では、「このままでは会社が傾くのではないか」との危機感が漂い始め、底知れない不安に襲われます。私は社員の雇用を守らねばと思案を重ねて、眠れない夜もありました。

あらゆる経費の削減を進め、電気代を少しでも減らそうと昼休みには消灯し、コピーのカラー印刷、片面印刷禁止。わずかでもコストを下げる意識と努力の徹底をと、オフィスの清掃も自分達で手分けをしながらやりました。

そうして、危機感を全社員で共有し経費削減の努力を懸命にしましたが、売上の減少スピードにはとても追いつきません。どこまで業績が落ち続けるのか、不安は日に日に高まりました。

同業他社では、大幅な人員削減、リストラが始まったとの話が聞こえ始め、社員の3分の1を減らす会社も出てきます。

そんなある日、執行役員会議で「うちもリストラを断行すべきでは」との声が、ある役員から挙がりました。同調する者もいます。厳しい市況と他社の動向を見れば、そういう発言が出てもやむを得ない厳しい状況です。

「リストラだけは絶対にやりたくない」、私はそう強く思っていました。ここまで冨田と、従業員満足度ナンバーワンを目指そうと懸命にやってきたのに、その努力が水の泡になる。社員との信頼関係が崩れてしまう。もし、人員削減をすることになったら、どんな顔をして社員の前に出ればいいのだろうと泣き出したくなるような思いで、冨田の顔をじっと見つめていました。

冨田は、執行役員一人ひとりに意見を求め、黙って聞いています。もちろん、私は大反対します。岩田も反対です。

みんなの発言が終わり、緊張した空気の中、冨田はしばらくじっと考えた後、静かに口を開きます。

「会社を存続させるために、時には厳しい選択をしなくてはならないのが経営者だ。会社を潰してしまっては社員の雇用も守りようがない」

私は、落胆の声を上げかけました。

「しかし他社は赤字になってもいないのにリストラを進めている。私には理解できない」

「一部の社員にだけに痛みを負わすリストラではなく、全員で痛みを分かち合い、みんなで力を合わせこの危機を乗り越えよう」と力強い言葉で決断を下します。

私は大声で「よし！」と叫びそうになりました。しかし安堵の気持ちと共に、この冨田の思いに何としても応えなければならない、何がなんでも業績を立て直さねばならないと決意を深く新たにしました。

大幅な売上減少が見通される中、社員の雇用を守るため、管理職の給与は職級に応じ、給与額の多い者から15%、10%、5%と削減。賞与は大幅に下げざるを得ませんでした。

この決定を下す前、冨田はすでに、自身と取締役の年俸を3割カットしていました。厳しい経営状況になるであろうことを予測してのことです。

そうして、2009年3月13日。熱海で社員総会が開催されます。

経費削減のために、取りやめることも議論されましたが、冨田は「こういう時だからこそ、みんなに勇気と希望を送らなければ」と開催を決めました。

総会の席上、冨田は驚くべき発表をします。

自身の持っている株式の一部を、全社員約800人に無償で譲渡するというのです。

冨田は、その決断のキッカケをこう話してくれました。

「創業者にとって、苦労を重ねて興した会社の株は自分の魂と同じだ」と語るソフトバンク孫社長のインタビュー記事を読み、「ならば、自分の魂をみんなにわけよう」と思い、決めたのだと。

「管理職の給与や賞与を減らさざるを得ない状況で、会社からは何もしてあげられないから、私の株をみんなに配りたい」。冨田の言葉に、私は心が震えました。

冨田は、総会の壇上で、景況の先行きが全く見通せず大きな不安の中にいる社員達に、「夢をプレゼントしたい」と語ります。

譲渡された株式の総額は、現在の株価にするとおよそ40億円になります。社員達は凄いプレゼントを贈られました。まさに夢のような話です。社員達は大変に驚き、そして会場は大きな歓声で包まれました。

冨田の夢と魂を分け与えられた社員達は、感謝に湧き上がり、「何としてもこのピンチを乗り越え、社長に恩返しをしよう」と決意に溢れます。社員総会の懇親会では「絶対に不況に負けない！」と全員で何度も掛け声をかけ合い、「チャレンジし続ける」ことを固く心に誓いました。

仲間への思いを力に変える

この時の社員総会で、冨田が掲げたテーマは「チェンジ・ザ・ポジション」。

「このピンチは、業界の勢力図を塗り替えるチャンスです。競合大手各社が大幅に売上を落としていますが、求人広告市場が消滅してしまったわけではありません。各社がリストラを進め営業人員を減らしていることは、我々がシェアを伸ばす大きなチャンスです」と力強く語りました。

そして、「失業者がどんどん増えています。働きたいのに仕事がないという人がさらに増えていきます。我々が集める求人情報は、その人達にとって希望の光です。ぜひ、社会的使命と責任を持って仕事に当たって欲しい。その使命と責任を果たすことが、ディップの企業価値を高めます」と。

この大不況というピンチをチャンスに変えて、業界でのポジションを上げ、「社会的使命を果たそう」とのメッセージは、社員の心に火をつけました。

採用を続けたくとも、採用予算を減らさなければならないクライアントに、費用対効果が大きく上がる独自の価格戦略が取られます。それまで手をつけてこなかった小規模顧客のマーケットを開拓。少しでも多くの求人案件を集めようと、社員達は必死になって走り回り、商談を重ねました。

こうして新たなスタートを切った2010年2月期でしたが、有効求人倍率、完全失業率等の雇用指数が過去最低を更新するなど、経営環境の悪化はとどまる兆しが見えません。

上半期は前年比30%を下回る売上減少が続きます。第2四半期では、わずか1100万円の営業利益しか出すことができず、赤字寸前にまで追い込まれました。

やはり減給だけでは、社員の雇用を守り抜くのは難しいのか……、と思っていたある日、冨田から突然「うちの営業を社外で働かせられないだろうか」と言われます。

当時、厳しい市況に成績が振るわず自分の人件費も賄えない営業社員が出始めていました。しかしその社員達には、営業のスキルと経験があります。それを他社で使ってもらえないかと冨田は考えたのです。

営業経験を活かした出向人事です。出向先に人件費を払ってもらえれば、一定期間は、雇用を守りながら人件費を大きく削減できます。

「その手があったか」と私は小躍りし、出向先を探し始めました。

派遣会社なら出向を受け入れてくれるかもしれないと、ある知人の社長に相談したところ、即刻受け入れが決まりました。景気が悪いからこそ営業に力を入れたい企業、不況の影響が小さい企業からの営業職の派遣ニーズが数多くあったのです。

派遣会社は営業経験者を、募集費をかけて集めています。そのコストをかけずに営業経験者を派遣期間に合わせて雇い入れることは、派遣会社にもメリットがあります。

2009年9月から翌年にかけ、総勢46人の出向人事が決まりました。大阪からの転勤で、半年間ウイークリーマンションに仮住まいしながら働いた者もいます。派遣先企業は、個人宅へのプロパンガスの販売会社からIT企業、医療業界までさまざまでした。

誰も経験のない初めての出向人事です。異動を告げられた者は、社内で通用しないと烙印を押されたと思い、大きなショックを受けます。

私は、そのメンバー達を送り出す壮行会を開催し、一人ひとりを懸命に激励。出向させられる悔しさに涙する者もいましたが、その思いを振り払うように、みんなが出向先での活躍の決意を熱く語り合い、壮行会は大変な盛り上がりとなりました。

そうして、出向した社員達は、慣れない商材の営業に必死になって取り組み、出向先から高い評価を受ける大活躍をしてくれます。

この出向人事は、思わぬ大きな効果を社内にもたらしました。出向者を出した組織の管理職、同僚達だけでなく、新卒入社の同期をはじめ、全社のあちこちから「早く出向者を呼び戻せるよう、もっと頑張ろう」との声が上がり始めたのです。

ディップの「仲間を大切にする文化」ならではの話です。仲間を思う気持ちが社内に広がり、危機を乗り越える大きな原動力となりました。

こうして、２００９年の後半、売上が反転し始めます。

リーマンショックの影響を受けた２００９年度からの2年間で、競合各社は売上を半減から3割減と大きく落としリストラする中、ディップは2期合計の売上高をマイナス15%にとどめ、社員の雇用を守りながら、シェアを大きく伸ばし危機を脱します。

冨田の「ピンチはチャンス」「チャレンジし続ける」「最後まで諦めない」との創業の苦難を支えた精神、行動哲学が社員達に浸透し、「チームワーク、仲間を大切にする」企業文化が根付いていたことが大きな力となりました。

そして、社員を大切に思い、守り抜こうとする冨田の愛情を、全社員が深く受け止めロイヤリティを高めます。その思いと信頼に応えようとみんなが必死に頑張り抜きました。守られるだけでなく、自分達の力でディップを守らなければならない。自らがディップの未来を創っていくのだという主体性が大きく芽生えたのです。

「ピンチのたびにディップは強くなる。生まれ変わってきた」と冨田は振り返ります。リーマンショックは、ディップの人材、組織力を鍛え上げ、「人が全て、人が財産」との経営方針を、より強固にする大きな契機となりました。

反転攻勢へ高い目標を掲げる

「給与、賞与が下がる中、頑張ってくれてありがとう。よくやってくれた。営業もスタッフも全員で力を合わせ、苦境を乗り切り、雇用を、ディップを守ることができました」。

2010年3月の社員総会で、冨田は感謝の言葉を贈ります。

そして、反転攻勢に向けてみんなを鼓舞するために、新たな目標を発表しました。

それは「時価総額を1000億円にする」というものです。当時、約40億円の時価総額からすると途方もないスケールの目標でした。

達成には高い売上・利益成長が必要ですが、それを実現する手立てはすでに打たれ始めていました。

前年の2009年9月。看護師の紹介事業「ナースではたらこ」を立ち上げます。求人サービスは景気に左右されやすい事業です。リーマンショックのような大きな景気変動にも影響をされない医療領域に、冨田は目をつけました。しかも看護師の不足は慢性化しており、高齢化の進む日本にとって大きな社会課題でした。

冨田は、リーマンショックの影響による求人広告の落ち込みが一番大きかった中途採用サービスの人員を急遽異動させ、わずか3か月ほどでサイトをオープンさせました。そして半年後には、ゴメス社のモバイルランキングで総合1位の評価を受ける程の高いユーザビリティーを実現します。

リーマンショックによる危機をみんなで力を合せて乗り越えようとの一体感が、看護師紹介の新たなサービスの開発と事業推進のスピードを一気に加速させました。

また、当時、リーマンショックの影響による雇い止めで、有期雇用の方々の仕事と生活の不安定さが大きな社会問題になっていました。そこで、有期雇用の方が正社員としてのキャリアを歩んでいくための求人情報サービスをスタートさせます。それは後に大きな売上成長を遂げる「バイトルＮＥＸＴ」誕生への布石となりました。

ちなみにディップでは、非正規社員という言い方をせず、有期雇用社員という表現を使います。正規でないという表現が働く人達に失礼だと考えるからです。

翌２０１０年。「時価総額１０００億円」を目指し、冨田はさらに新たな施策を次々と打っていきます。

「求人情報誌では真似のできない、ネットでしかできないサービスを創ろう！」

業界初の「動画サービス」「応募バロメーター」のアイデアを生み出して、６月、８月と矢継ぎ早にリリース。上戸彩さん、オードリーさんを起用した大プロモーションを展開します。登録者はわずか半年で倍増しました。このいきさつについては、第４章で詳述します。

また、スマートフォンが急速に普及し始めると見るや、いち早くその対応にも着手。アイデアを実現するために現場の力とスピードを生み出す冨田の情熱には、いつも圧倒されます。

この時期、もう一つ私を驚かせる冨田のアイデアがあります。

出張帰りの新幹線、「大友さん、営業職を100人一気に増やせないかな？」と電話が入ります。

その問いかけの意味はすぐにわかりました。

リーマンショックで2010年の新卒採用をストップしたので、求人マーケットが回復し始める中、営業の数が増えておらずチャンスを逃していたのです。営業人員を一気に増やせれば新たな顧客基盤をつくり、売上をさらに伸ばすことができます。

冨田は、100人の営業を、まだ進出していなかった首都圏の郊外、いわゆるドーナツ圏に一気に投入しようというのです。中途採用をしていてはとても間に合いません。どうしたものかと考えあぐねる私に、「派遣の方にお願いできないかな？」と一言。

「そうか、その手があったか」と、1年前に営業の社員を出向させたことを思い出しました。まさに逆転の発想です。

冨田は、「チャンスの神様には前髪しかない」とよく言います。ピンチをチャンスに変えるアイデアだけでなく、チャンスを確実に掴むためのアイデアも考え抜きます。

私は、早速、出向者がお世話になった派遣会社の社長に相談しました。しかし、派遣社員の人数は揃えられても、教育をするのに時間がかかると言います。「それなら任せてください。ディップには短期間で新卒を育てる教育プログラムがあります」と即答。200

6年新卒200人の受け入れから、毎年蓄積してきたノウハウが活きました。

こうして「ドーナツ圏プロジェクト」と名付けられたチームが結成され、わずか3か月後の2010年12月。立川、町田、北千住、松戸、西船橋、千葉、藤沢の7拠点を一気に新設し、72人の派遣の営業社員が配置されました。

その時の拠点展開のノウハウが活き、現在、大都市圏の郊外での売上は約150億円と全社売上高の3割を超える規模に成長しました。

このようにして、リーマンショックで失われた売上、利益を一気に取り戻し、大きく伸ばしていくための施策が次々と実行されていきました。

2008年の社員総会で「Go Major!」のテーマのもとに掲げられた「メジャーカンパニーになる」とのビジョン。

「メジャーカンパニーになるために株式市場から高い評価を得よう」とビジョン実現に向け立てられた、「時価総額1000億円」の高く大きな目標。

それは、冨田の戦略性に富んだアイデアと、その深い愛情と信頼のもとでリーマンショックの大不況を乗り越え、反転攻勢に団結した社員達の力で、見事に達成されます。

2015年4月、ディップの時価総額は1000億円を超えました。

企業理念を定める

２０１１年3月の社員総会で、冨田は東証一部上場を目標に掲げて、それにふさわしい企業になるため、新たに「企業理念」を制定し発表しました。

ディップは夢とアイデアと情熱で社会を改善する存在となる

役員とも議論を重ね、冨田は「社会を改善する」との言葉を決めました。

「企業理念とは何か？　それは企業の魂です」と全社員を前に語り始めます。

「自分は何のために仕事をするのか？」

「ディップで働く意味とは何なのか？」

「ただ働いてお金を稼ぎ豊かな生活ができれば、それだけで人生は幸せか？」

冨田は問いかけます。そして、

「自分が頑張ったことで、世の中がこんな風によくなった。ディップでの仕事で、こんな影響を与えられた、こう社会の改善につながった。そう感じて働けることが、この世に生を受けて働く者として、幸せを感じることにつながるのではないかと思います。我々の報酬は社会への貢献の見返りです」

「これからは、このサービスは、このやり方は、この事業は社会の改善につながるのか？と常に自分達に問いかけながらやっていきましょう」。そう、ディップで働く意義を語りました。

社員総会が開催されたのは、奇しくも、東日本大震災の起こる8日前のことでした。人々と企業の価値観が大きく変わるような未曾有の大災害の前に、この企業理念が発表され、その意味が語られたことに、私は大きな感慨を抱きました。

私達の仕事は、単に求人広告を売ることではありません。求人広告を通して、採用のみならず、人材の定着と活躍を支援し企業の成長をサポートすること。求職者が仕事に就き、経済的な報酬を得るだけでなく、ベストマッチした職場で、活き活きと働き、豊かな人生を送っていくためのお役に立つこと、を目指しています。しかし、日々の業務に追われ、営業の目標を追いかけていくうちに、それが忘れ去られてしまうことが起こりがちです。

一部上場企業へとさらに高い成長を目指す中、「事業の社会性と仕事の意義、ディップの存在意義（パーパス）を、目先の業績を上げることにとらわれて見失って欲しくない」

冨田はそう考え企業理念を制定したのです。

企業理念を「社会を改善する存在」としたことには、冨田に、サイトのユーザーにまつわる原体験があったからだと私は思っています。

創業期、「夢を叶える仕事に出会おう」というキャッチフレーズを考え、サイト集客のためのプロモーション活動に使っていました。派遣社員やアルバイト・パートの方々に夢を持って働いて欲しい。夢を持って活き活きと楽しく働ける仕事、職場の情報をどこよりもたくさん集めたい、との思いからです。

そして、そんな夢を持って働くユーザーを応援したいという願いから生まれたのが、2007、8年と行われた「キャッチ・ザ・ドリームコンテスト」でした。

夢を実現するために頑張っている派遣社員の方々などを、サイトから公募し、書類審査によって表彰するものです。

六本木グランドハイアットで開催された表彰式では、当時、企業イメージキャラクターだった女優の篠原涼子さんがプレゼンターを務めてくださいました。

第1回の優勝者は、神奈川県に住む20代の女性の方です。美術系短大を卒業後、大学の研究助手を務め、アルバイトから派遣社員へ。3社を経て、不動産会社でCAD系ソフトを使い立面図の制作を行っていました。

幼い頃からの夢は画家とのことで、将来、油絵の大作を自由に制作し、画廊としても使えるアトリエをつくりたいと考えていたそうです。

会社でCADのソフトを扱うようになり、それまで漠然としていた自分の造りたいアトリエのイメージが具体的に固まり始めたとのこと。「今の仕事に出会って夢を本気で叶えたくなった」という言葉が、受賞の決め手になりました。

贈られた賞金100万円は、自分のアトリエや作品をつくるための資金に使いたいとのことでした。

第2回の優勝者は、チョークアーティストとして、スクールの開校・運営を目指す女性の方でした。幼児教育や高齢者のリハビリでのチョークアートの有効性を感じ、保育施設や病院との連携で活動を広げようとしていました。その夢の社会性、新規性が高く評価されます。

また、特別賞が、発達障害クリニック開設を目標に、資格取得のため大学生となり、子育てと仕事と勉強に全力投球するワーキングマザーに贈られています。

第1回、第2回とも、夢を追いかけて活き活きと働く受賞者のスピーチで、会場は大きな感動で包まれました。その壇上で、冨田は自身の過去を振り返り、次のようなスピーチをしています。

「大きな夢を叶えることは、多くの人の協力なしでは成し得ません。とくにその夢が社会にとって必要なもので、人を幸せにする仕事なら、たくさんの人の協力を得られるチャンスが必ず大きく広がります」

私はこのスピーチに、冨田が人々の幸せのためにとの思いを込めて「社会を改善する」という企業理念を定めた、その原点を感じるのです。

社会貢献への志を持つ

この企業理念に則り、冨田は東日本大震災の復興支援施策に取り組みます。

２０１１年6月。「はたらく笑顔で日本を元気に！」とのキャッチフレーズで、「はたらくスマイルプロジェクト」が開始されました。

「SMILE GIRL&BOY」というサイトを立ち上げ、顧客企業で働いている方々の働く笑顔を集めて紹介。掲載された働く笑顔の件数と、その笑顔を見たユーザーのＳＮＳでのツイート数に、それぞれ１０００円、１００円をカウント。義援金として、日本赤十字社を通じ、被災地の方々へ贈るというものです。

また「SMILE GIRL&BOY」のページから、掲載された方々が働いている企業・店舗の採用情報へリンクすることで、「こんな素敵な笑顔になれる職場で働きたい」という新しい切り口から、仕事探しの支援を行いました。

２０１３年5月には、有期雇用の方々の処遇を改善するための大掛かりな取組を開始。それは「レイズ・ザ・サラリーキャンペーン」と名づけられます。

デフレ脱却を目指す「アベノミクス」で、政府から経済界に賃金アップの強い要請が行われていました。しかし、その恩恵はアルバイト、パート等の有期雇用社員の方々にはなかなか及びません。

ユーザーである有期雇用で働く人達の切実な声を聞き、冨田は「私たちに何かできないか」と考えます。そして、「バイトル」への求人広告掲載時に、全営業担当から募集時の時給アップをお願いするという、かつてない大キャンペーン活動を開始したのです。

主要全国紙に全15段の意見広告も出稿。

キャッチコピーは「上がれ、時給。上がれ、日本」。有期雇用の方々の時給を上げる、処遇を改善することで日本経済の活性化に貢献したいと謳いました。

アルバイト・パートの時給アップは、クライアント企業にとって経営に与える影響が少なくありません。始めた当初はなかなか応じてもらえませんでした。

しかし、「有期雇用の方々の処遇を改善したい」「ユーザーの役に立ちたい」「働く人全ての力で、日本経済を活性化したい」との社員一人ひとりの情熱と懸命な営業活動が、賛同してくださる企業を増やしていきます。

10か月後の2014年2月の期末。時給アップができた累計掲載案件数は、なんと5万8千件を超え、平均時給は3・4％と大幅にアップしました。多くのクライアント企業からたくさんの支持を得ることができたのです。

時給の上がった募集案件をサイト上でクローズアップすることで、サイトのユーザー数は大きく増え、応募効果も上がり、お客様から高い評価を得ることもできました。

社員達はこのキャンペーンを通して、企業理念に謳われたディップの社会的使命と仕事への誇りを改めて強く感じていました。そこに嬉しい出来事が起こります。

2013年12月、ディップはついに、悲願であった東証一部への上場を果たします。

2008年3月の社員総会で「Go Major!」のテーマのもと、メジャーカンパニーになると宣言をしてから5年半。

冨田の夢とアイデアと情熱に突き動かされ、リーマンショックをチャンスに変え、その苦難の中で力を磨き団結した社員達。企業理念によって社会的使命を自覚し、さらに発揮された社員達の力。それが掛け合わさって大きなパワーとなり、見事な成果につながりました。

冨田は、東京、大阪、名古屋、福岡の各会場に社員を集めて行った上場祝賀パーティーで、語りかけます。

「一部上場企業とは、大きな売上や利益を上げるだけでなく、社会を改善するという高い志があってこそ挑戦できる、価値ある新たなステージです」

そして、感謝の思いをこう続けました。

「マザーズ上場の時は、自分が上場させたという想いが強かった。しかし今は違います。東証一部上場は、みんなでやり遂げたという感謝の思いで一杯です。本当にありがとう」

冨田の言葉に涙する者もいます。会場は大きな喜びと、新たなステージでの挑戦の決意に溢れ、大変な熱気に包まれました。

マーケティング戦略で攻勢をかける

第2次安倍政権によるアベノミクスで徐々に経済が回復し始めると、ディップは大躍進を遂げます。

東証一部上場を果たした２０１４年2月期には、１４２％の高い成長率で売上高１３０億円、営業利益17億円と過去最高を更新。

そして2015年2月期は、前期を超える149%の成長率で売上高195億円、営業利益は48億円と急成長をしていきます。2015年度の最高益更新率ランキングでは第1位を獲得（『週刊東洋経済』2015年3月28日号）。成長率は業界で群を抜きました。

約1000人の社員達が、企業理念に謳われた使命感と一部上場企業としての誇りを持って大活躍をしてくれました。それを支えたのが、富田が与えた新たな武器でした。

2014年1月、「バイトル」のCMキャラクターに起用されたAKB48による、大プロモーションが開始されます。

秋元康さんと富田がかねてより懇意であったことから、2人の間で繰り返しディスカッションが行われ、サイトにユーザーを集める画期的な企画のアイデアが、続々と生み出されました。そのTVCMの第1弾は「卒業」編です。

日本のトップアイドルグループに成長したAKB48を、1期生2期生として牽引した大島優子さん、小嶋陽菜さん、高橋みなみさんの3人が「卒業する！」と宣言。それに驚く渡辺麻友さん。3人が宣言したのは「今までのバイト探し」からの卒業でした。

このTVCMのテーマは、「紙からの卒業」です。これまでフリーペーパーなど紙媒体を使っていたバイト探しから卒業し、スマートフォンで探す新時代への幕開けが表現されました。

大島優子さんのＡＫＢ48卒業が話題になっていた時期だったので、このＴＶＣＭの効果は抜群でした。業界に先んじてスマートフォン対応に手を打っていたこととの相乗効果で、サイトのユーザーは爆発的に増加。

営業達は、このＴＶＣＭに乗って「これからのバイト探しはスマホです」と冨田が与えてくれた武器を最大限に活用。掲載顧客を一気に拡大していきました。

秋元康さんと冨田のコラボ企画は、さらに次々と展開されていきます。

7月からは、名古屋を拠点とするＳＫＥ48、大阪のＮＭＢ48、福岡のＨＫＴ48による「ご当地グルメバイト」編で、地方エリアごとにユーザーを掴みます。

そして8月10日、日付のゴロ合わせで、社団法人日本記念日協会により認定された「バイトルの日」。ＡＫＢ48のスペシャルライブを、幕張メッセで1万人のサイトユーザーを招いて開催。招待客募集のＴＶＣＭが大きな反響を呼び、当日の会場は「バイトルコール」が沸き起こる大変な盛り上がりとなりました。

続いて、「バイトル」でＡＫＢ48公式メンバーをアルバイトで募集する「バイトＡＫＢプロジェクト」がスタート。1万3千人を超える応募者から53人が合格し、ライブ、イベント、ＴＶＣＭで活躍し、多くのマスコミで大きく取り上げられます。

このバイトＡＫＢは、翌年第2弾を展開。プロデューサーにＡＫＢ48の島崎遥香さんが就任する「ぱるる選抜」として、さらに大きな話題になりました。

他にも、秋元康さんが書き下ろしてくださった新曲「恋のバイトル」を使ったＴＶＣＭ等、数々の企画が大ヒット。ＴＶＣＭ好感度ランキングでも大手携帯キャリアと並びベスト５に入るなど、「バイトル」の知名度、好感度は飛躍的に向上。マクロミル社の認知度調査ではナンバーワンに。

同時期に「はたらこねっと」でも、イメージキャラクターの上戸彩さん出演のＴＶＣＭでサイトの注目度が大幅にアップ。やがて競合を抜き、ナンバーワンサイトになります。

冨田の繰り出すマーケティング戦略に大きな力を得た社員達の大奮闘で、快進撃はさらに続きます。

フィロソフィーを言葉にする

２０１５年、冨田は、その経営哲学と創業者の精神を継承していくために「フィロソフィー」の制定を行い、３月の社員総会の席上で発表しました。

「フィロソフィー」は、企業理念、ブランドステートメント、ディップウェイ、ファウンダーズスピリットで構成されています。

本書の「はじめに」で紹介した、ファウンダーズスピリットをはじめ、行動哲学であるディップウェイなど、社員達が「受け継ぎ、将来にわたり伝えていくべき」価値観、行動規範が改めて言語化されました。

社員数は1000人を超え（2015年3月）、同年4月には300人の新卒を迎えようとしていました。社員が大きく増えていく中、全社員のベクトルを合わせ、さらに一体感のある強い人と組織を創るために、企業の根幹を固め直したのです。

真の結束は、信念と理念を同じくする者の間に生まれます。

冨田がたった一人無一文で創業し、東証一部上場企業となるまでの挑戦の歴史の中で培われ、多くの社員の心を突き動かしてきたもの。ディップが大きく急成長を遂げる過程で生まれたのが、この「フィロソフィー」です。

全文は、以下のようになっています。

〈企業理念〉

私たちdipは夢とアイデアと情熱で社会を改善する存在となる

〈ブランドステートメント〉

One to One Satisfaction

私たちのビジネスに関わる全ての人々、ユーザー、クライアント、パートナー、株主、そして従業員にとって、「満足度ナンバーワン」であることを目指します。

〈ディップウェイ〉

dream

自ら夢を持ち、語り、夢の実現に努力する。私は決して途中で諦めない。

idea

アイデアは成長、発展の源である。個性を尊重し自由闊達な社風をつくり、イノベーターとして価値あるサービスの創造を追求する。

passion

まず自らが熱くなり、周りを熱くする。惜しげなく誉め、共に喜び、悩み、励まし、語り合う。チームワークとリーダーシップで一致団結して勝利を勝ち取る。

〈ファウンダーズスピリット〉

ピンチはチャンス

どんな困難も、〝発想の転換〟でチャンスに変える。
たとえチャンスであっても、油断はしない。
ものごとをあらゆる角度から俯瞰し、自ら道を切り拓く。

チャレンジし続ける

どんな状況下でも、失敗を恐れず、果敢に挑戦し続ける。
ベンチャー精神のもと、イノベーターとして、社会の問題点を解決する。

最後まで諦めない

強い意志と行動力で、途中で決してあきらめない。
やり遂げることで失敗しても、そこから学び、より大きな成果を出す。

期待を超える

言われたことをただ受け入れるだけでなく、
〝考え抜き〟、価値あるアイデアを創造し、
周囲の期待を超え、自ら高い成長を実現する。

仕事、人生を楽しむ

ワークライフバランスをとり、仕事もプライベートも楽しみ、
充実した人生を送る。

自らがｄｉｐを創る

理念のもとに集まる社員一人ひとりが、強い主体性を発揮し、
新しいｄｉｐの未来を築いてゆく。

「フィロソフィー」は、大きな銀色のプレートに刻み、各オフィスに掲出されています。
コーポレートページにも全文を掲載。
ちなみに、ＨＰトップ画面のｄｉｐのロゴをカーソルや指でなぞると、光の三原色の粒子が飛び散り、大きく形を変えて動きます。世界的に著名なウルトラテクノロジスト集団

「チームラボ」の制作による、インタラクティブロゴと言われるものです。

冨田が、代表の猪子寿之氏と親交があり、アップル社のリンゴのロゴを超えるものにとの願いを込めて創られた、世界でも稀有な企業ロゴです。

「フィロソフィー」のもとで社員達はさらにロイヤリティを高め、団結し、力を発揮していきます。その成果は数字となって表れます。

2018年2月期決算。創立20周年を迎えた年度に、冨田が掲げた大きな目標の一つ、営業利益100億円突破を成し遂げます。売上高は380億円となりました。

この間、2015年4月に1000億円を超えた時価総額も、さらに大きく伸びます。2018年7月16日号の『日経ビジネス』が掲載した「アベノミクスが始まって5年半の株価上昇率ランキング」。ディップは東証でランキング1位を獲得し、株価は57・6倍と大きく企業価値を上げました。

冨田は、20周年記念の社員総会の席上で、全社員に感謝の思いを込めながら、熱く語りかけます。

「この20年間、ここまで大きな成長をしてこられたのは、奇跡でも偶然でもありません。常に大きな夢、ビジョンを掲げ、その実現を皆さんと一緒に追いかけてきたからです。

私の仕事として、一番大事なのはビジョンを描くこと。

10年、20年経っても、ディップに入ってよかったと言ってもらえる素晴らしい会社をつくっていきたい。次は、時価総額5000億円、そして1兆円を実現しましょう」

と、新たな目標、さらに大きなビジョンを掲げました。

第四章

急成長を支えるフィロソフィー

社員の期待を超える

冨田のフィロソフィーによる経営が、ディップの急成長のドラマを創り出してきました。

2015年に制定したディップの「フィロソフィー」のうち、4番目に掲げられたファウンダーズスピリット。その一つである「期待を超える」は、冨田が創業期から大切にしてきた精神であり、行動哲学です。社員達の重要な行動規範となっています。

一つのエピソードを紹介します。

2007年の創立10周年を翌年に迎えようとしていたある日、冨田が突然言いました。

「10周年の記念に、社員全員をハワイに連れていきたいのです」

私は耳を疑いました。その時すでに社員数は550人に達しています。

「まさか、全社員をですか？」

「そうです。ディップが創業から10年でここまでこられたのは、社員達みんなのおかげだから……」

それまで、業績に貢献した社員を年に数人、ハワイに招待してきたことは聞いていましたが、全社員とは度肝を抜かれました。

10周年という大きな節目に何かお祝いのイベント、セレモニーを考えなければと思っていましたが、冨田のスケールは、私の想像を遥かに超えていました。

ハワイは、冨田にとって特別な思い入れのある場所です。経営者だった父親は大変に豪気な人で、50年前に２００人程の社員をハワイ旅行に連れていったことがあるそうです。

今では、社員旅行先にハワイを選ぶ会社は珍しくありませんが、当時では大変なコストがかかります。１９６７年、海外渡航の自由化がされたばかりの頃で、団体旅行でも一人37万円程かかったそうです。当時の国家公務員の大卒初任給は1万9千円です。その20倍近くのコストをかけ、２００人もの社員を連れていったスケールの凄さには驚きます。

父親の背中を追いかけてきた冨田には、「いつか全社員をハワイに連れていきたい」との強い思いがあったそうです。ハワイ独特の空気感や人々の笑顔に溢れる風土を社員達に感じさせたい、そのホスピタリティーに学んで欲しいと言います。

誰も予想をしていなかった、まさに「期待を超える」ビッグプレゼントの発表に、社内は大きな喜びに包まれました。

２００７年4月、創立10周年記念の全社員ハワイ旅行が決行されます。

そこで行われた社員総会で、冨田はこう語りかけました。

「私はハワイが大好きで、いつか全社員を連れてきたいと思っていました。その夢が10年でやっと実現できました。夢を叶えてくれた皆さん、本当にありがとう」

そして、「はたらこねっと」「バイトル」の立ち上げに、大きな貢献を果たした岩田と2人の経営幹部へ功労賞を贈りました。その表彰状を読み上げながら、冨田は涙を流します。社員への感謝の思いを言葉と形にし、貢献を果たした者をねぎらう冨田の姿に、私は大きな感動を覚えました。同時に、冨田の社員達への思いに応え、15周年、20周年に向けてディップをさらに大きく成長させていこうと心に誓いました。

それは社員達も同様に感じたことだと思います。みんなが、冨田の姿に励まされ、その期待に応えようと決意を新たにします。

感謝の思いは仕事への大きなエネルギーになります。

今では、通期表彰者の褒賞旅行もハワイが定番です。多くの社員達がたくさんの思い出をハワイでつくってきました。

冨田と社員達にとって、ハワイはたくさんの思いのつまった「ディップの聖地」と呼ばれる場所です。

聖地と言われるには、もう一つ理由があります。

ハワイの空気は、冨田に多くの発想をもたらしてきました。ハワイ滞在中に生まれた経営施策に関するアイデアは枚挙に暇がありません。「(アイデアが)降りてきたよ!」と、ハワイで溢れ出るアイデア、経営に関する気づきを、私はメールや電話で何度も受けています。

ディップの急成長を牽引してきた冨田のたくさんのアイデアが生まれた場所。そういう意味からも、ハワイは「ディップの聖地」なのです。

全社員ハワイ旅行の他にも、冨田の「期待を超える」サプライズによって、社員の士気が大きく鼓舞されたことは数多くあります。

リーマンショックを乗り越える大きな力になった、全社員への個人の株式の無償譲渡や、予想もしていなかった決算賞与の支給。大幅な年収アップの公約をしたこともありました。

2013年3月の社員総会で、冨田は、その場にいた社員全員の年収を2年で100万円アップすると宣言しました。アベノミクスによる景気回復基調の中、リーマンショックの危機で鍛えられた社員達の力で、大きな成長を果たせるという確信があったからです。

その読み通り、売上高は2年で、リーマンショックの影響で落ち込んだ91億円から195億円へと倍増、営業利益は48億円と5倍に。この間在籍していた者の平均年収は、冨田が公約した数字を大きく超えて134万円アップ。社員達は大いにモチベーションを高めました。

「次は2020年までに、もう100万円アップします」との公約も、約束通り果たされます。

冨田のフィロソフィー、行動哲学である「期待を超える」施策の数々は、社員達のロイヤリティを高め、仕事への情熱を大きくかき立てました。

そして、冨田にエンパワーメントされた社員達の「期待を超える」活躍がディップの急成長を支えてきました。

ユーザーの期待を超える

ディップの成長の秘訣に、冨田の掲げる「ユーザーファースト」という経営方針があります。

求人広告事業は、顧客企業から広告費をいただき成り立っているので、ともするとクライアントのことを優先しがちになります。しかし、冨田は、企業側の視点にとらわれ過ぎて、サイトのユーザー、求職者を軽視することを決して許しません。ユーザーを満足させるサイトでなければ、ユーザーは増えず広告効果も上がらない。顧客企業の満足も得られないと考えるからです。この「ユーザーファースト」の経営方針は、ファウンダーズスピリット「期待を超える」と深いつながりがあります。

仕事探しに訪れてくれたユーザーを失望させてはいけない。そのため、ディップの求人サイトは、求人情報の数と質をとても重視してきました。

「はたらこねっと」は、冨田のアイデアで、スタート当初から掲載案件数ナンバーワンを実現できたので一気に成長しました。「バイトル」も同様に、日本最大級の掲載数で多くのユーザーを集めてきました。そして、限られたスペースしか使えない求人情報誌に対し、ネットの特性を活かした新鮮でどこよりも豊富な情報の質に拘っています。

その情報の数と質が、第2章、第3章でご紹介した各種調査でも表れているように、ユーザーの高い支持を得て、サイトの急成長を生みました。

しかし、ユーザーを満足させるだけでなく、「期待を超える」サービスを提供していくことこそが、ディップの社員達に求められているのです。それを全員が心底痛感した、こんな出来事がありました。

リーマンショックを乗り越え、一気に反転攻勢に出た2010年の年始。

冨田は、掲載情報の質を飛躍的に向上させ、競合との差別化を図る画期的なアイデアを経営幹部に伝えます。

「これからは動画の時代だ。動画はユーザーに職場の様子や空気感を伝えられる。一緒に働く仲間の様子を伝えるのも動画がピッタリだ。全ての掲載案件に動画をつけよう！」紙媒体には決してできない、ネットならではのサービスです。まさにユーザーの「期待を超える」アイデアでした。

しかし、当時のシステム開発責任者、現取締役ＣＩＯ（最高情報責任者）植木克己は絶句し、頭を抱え込みます。

今やＹｏｕＴｕｂｅやＴｉｋＴｏｋ等、スマホで動画を観るのは当たり前ですが、当時のスマホの普及率はわずか９・７％。携帯電話はガラケーが全盛の時代です。動画を掲載しストレスなく観ることは、技術的にも非常にハードルの高いものでした。

植木達システム開発メンバーは、冨田のアイデアを何としても実現しようと、試行錯誤を繰り返しながら大奮闘をします。そしてサービスシステムの開発の目処が、わずか半年ほどでつきました。

サービス開始時には、上戸彩さん、オードリーさん出演による「動画バイトル」のＴＶＣＭが大々的に放映される準備も進められます。

動画の撮影は、営業担当の仕事です。どのような動画を撮ればいいのか手探りで、ノウハウは全くありません。しかも撮影はガラケーの携帯電話のカメラ機能を使って開始されました。

日々営業活動をしながらの撮影なので、なかなか進みませんでした。それでも営業の社員達は懸命に取り組み、２０００件程の動画掲載数の見込みが立ちました。

サービスインまで残り2か月を切ったある日。執行役員会議で、その掲載数の見込みが報告されたところ、冨田の顔色が変わります。

「そんな件数で、ユーザーが満足するのですか！　ＴＶＣＭで動画バイトルと謳っておきながら、それ位の数の動画しか載っていなかったら、ユーザーは失望するでしょう！」と声を大きく荒げます。当時、２万件程の求人案件が掲載されていたので、動画掲載２００0件はわずか1割程度にしかなりません。冨田の叱責はもっともでした。

私や岩田、経営幹部達が、目先の営業目標にとらわれて、ユーザーの「期待を超える」ために全力を尽くし切れていないことを、冨田は見逃さなかったのです。

それから1か月。私達は営業活動をストップして動画撮影に奔走しました。総務部門などスタッフにも協力してもらい、全社員総出で撮影に飛び回ります。業績の見通しを話し合う営業会議は、動画撮影件数の進捗を確認する場に変わり、次々と対応策が協議、実行されていきました。

「全案件に動画をつけるぞ！」「ユーザーを裏切ってはいけない」「ユーザーの期待を超えよう！」とみんなで声を掛け合い、クライアントのもとへ撮影に走りました。撮影のノウハウや動画の内容にも日々、工夫と改善が加えられていきます。

こうして迎えたサービス開始日。動画の件数は1万8千件を超え、9割の案件に動画情報を掲載。今思い返しても、あの短期間で、これだけ多くの動画を撮影しサイトにアップできたのが不思議に思えるくらい、社員達が凄い力を発揮しました。

この時のことは「動画祭り」として語り草になっています。「ユーザーファースト」の経営方針、「期待を超える」とのファウンダーズスピリットを全社員が心肝に染めました。みんなが一丸となって達成困難と思えた大きな目標をやり遂げた、苦しくも楽しい思い出です。

「動画サービス」は、紙媒体にできないネットならではのサービスとして、求職者の注目を浴び、サイトのユーザー数を大きく増やします。ユーザーが仕事情報を閲覧し応募するコンバージョン（転換率）も高めました。

また、動画によって仕事、職場理解がより深まることで、就業後の「思っていた仕事、職場の雰囲気と違う」といったミスマッチの解消にもつながりました。働く人の定着率の向上にも大きな貢献を果たしたのです。

競合企業も追随する動きがありましたが、掲載されているほぼ全ての案件に動画がついている「バイトル」には追いつくことができず、大きな競争優位性になりました。

冨田はさらにユーザーの「期待を超える」サービスのアイデアを、次々と形にしていきます。動画サービスと同時期に、「応募バロメーター」という機能を開発。

掲載されている仕事にどれ位の応募が来ているか、一目でわかるサービスです。応募が少なければ採用される確率は高いですが、応募が多い案件だと面接に行っても合格する可能性が低くなります。ユーザー自身が競争率を踏まえて応募できるようになるため、効率よく仕事を探せることがこのサービスの強みです。

「応募バロメーター」は、ユーザーには非常に便利な機能ですが、クライアント企業にとっては、応募者をどれくらい集められているかが、外から丸見えになってしまいます。当初はクライアントからの抵抗がありましたが、ユーザーのためにと、営業が懸命に説得に飛び回りました。

「しごと体験・職場見学」機能も、冨田が生み出したディップ独自のサービスです。これは、通常の応募とは別に「しごと体験」や「職場見学」の申し込みを可能にするものです。「自分にできる仕事か」「職場の雰囲気が自分に合うか」と不安があり、応募に躊躇している人も、仕事の内容や職場の雰囲気を事前に体験、見学できるため気軽に応募できます。仕事選びの選択肢を増やすことができるだけでなく、「思っていたのと違う」とがっかりすることも少なくなります。

企業側も、通常の応募より求職者が集まってくれるので、より多くの出会いの機会が持てます。採用のミスマッチを解消することにもつながります。

通常の採用活動よりも手間と時間はかかりますが、ユーザーがより良い仕事、職場選びができるようにと、クライアント企業への提案を続けています。

「ユーザーの期待を超えよう」と考え抜かれた冨田のアイデア。フィロソフィーに謳われたファウンダーズスピリット「期待を超える」を心に刻み、情熱に溢れる社員達の大奮闘。それがユーザー数を飛躍的に伸ばし、多くのユーザーのロイヤリティを生み、「はたらこねっと」「バイトル」の売上を急成長させてきました。

クライアントの期待を超える

「期待を超える」のファウンダーズスピリットは、クライアントを担当する社員達の行動規範として、その営業姿勢にも体現されてきました。

「このビジネスは、売ったら終わりじゃない」と冨田は常々言います。

求人広告の営業は、広告枠を売るだけでいいものではありません。その広告で企業が求める人材が必要な数だけ集まる。そしてその人材が定着、活躍し企業の成長に貢献してくれる。それが、いい採用ができたということです。そのために営業担当者は、多くの工夫を凝らし努力を重ねます。

掲載した広告に応募者がどれだけ集まるか、その効果は、広告のクリエイティブによって大きく変わります。ディップのサイトは、多くの文章量、写真、そして他社にない動画を掲載できるので、工夫の余地が大きく効果を上げやすいのが特徴です。その分、営業担当はクライアントの仕事や職場の魅力を見つけ出し、それをどう表現するかに苦心します。クライアントが求める人材が応募してくれる広告であることも重要です。

掲載がスタートすると応募状況を日々チェックし、効果が思わしくなければ、掲載情報を書き換え効果の改善を行います。応募があればそれでよしとは考えず、応募者が採用に至るまで、さまざまなアドバイスやサポートを行います。

営業担当の名刺には、冨田のアイデアで「採用コンサルタント」の肩書が入っています。その社員達の仕事への取組の様子をお伝えします。

ある営業担当は、応募があるのに、なかなか面接、採用に至らないというクライアントの悩みを聞き、応募者からの電話対応を横で聞いてみることにしました。そして「その話し方ではダメです」と自ら応募者への対応をやってみせます。電話での受け答えを変えるだけで、面接に来社する数が変わることにお客様は驚き、大変に感謝されました。

応募者への対応や面接の仕方も、採用結果に大きな影響を与えるので、細かなノウハウを提供しています。

採用した人材の定着や育成についての提案も積極的に行います。大手外食チェーンの店長会議などに呼ばれ、アルバイト・パート社員に対するマネジメントのアドバイスを行っている者も数多くいます。

こんなエピソードもあります。ある大手運輸会社の担当営業が、「苦労してアルバイトを採用してもすぐに辞めてしまう」と相談を受けました。解決策をいろいろ考えましたが、なかなか答えが見つかりません。悩んだあげく、答えは現場にあるに違いないと、「アルバイトの方々の働く、倉庫の中に入らせてもらえませんか」とお客様に頼みます。

物流倉庫は危険な場所なので、部外者の入室になかなか許可がもらえません。それでもその社員は、「必ずお役に立てる提案をしますから」と食い下がり、諦めませんでした。

そうして、やっと案内された現場で見たのは、激しい怒号が飛び交い、怖さを感じるくらい緊張感の漂う光景です。危険な場所なので、ちょっとした油断が事故につながります。なので、そこで働く皆さんは大声で注意を呼び掛け合っていたのです。その怒声に新人アルバイト達は驚き、怖くなって辞めていました。

それに気づいたその社員は、「新人達がかぶるヘルメットに、初心者マークをつけましょう」と提案します。車に貼ってある、あの初心者（若葉）マークです。お客様はそれまで気づかなかった視点の提案に納得し、すぐにその施策を実施されました。

効果はてき面でした。入社して間もないアルバイトだとすぐにわかるので、先輩社員達は、優しく声をかけるようになります。アルバイトの定着率は一気に上がったそうです。

このような提案に、私達は広告の掲載費以外はいただきません。「広告を売るのではなく、採用に成功していただき、採用した人材がその企業の成長に貢献する」ことが私達の使命だと考えているからです。

ディップのサイトユーザーの多くを占めるアルバイト、パート、有期雇用社員の方々の力なくして成り立たない業界、企業は数多くあります。飲食店などでは、アルバイトの活躍次第でそのお店の繁盛ぶりが変わります。

その有期雇用の方々が活き活きと働ける職場を創っていくことも、企業理念に則る私達の大切な社会的使命です。

その使命感を持って、クライアントの役に立とう、期待を超えようと営業メンバーは懸命に努力を重ねます。それが「求人を出すならディップに」との、顧客のロイヤリティを生んできました。

人材に関する相談事だけでなく、新店舗の内装やメニューへの意見を求められる、新規出店に関するアドバイス、事業や経営に関わる助言を依頼されるなど、その信頼と期待はさらに大きくなっています。

冨田の言う「お客様とのパートナーシップを築き信頼を獲得する」ために、クライアントの「期待を超える」営業、提案活動をできる社員が数多く育ち、ディップの急成長を生む競争力を高めてきました。

行き詰まったら原点に返る

限られた時間の中で、効率を考えながら多くのクライアントに付加価値の高い提案をしていくには、知識を身につけスキルを磨かなくてはなりません。そのような提案活動をできる社員が、簡単に育つわけではありません。

営業職の大半は新卒で入社してきた社員です。新入社員が短期間で成長し、クライアントのパートナーとして信頼を得るようになることにも、フィロソフィーは大きな役割を果たしています。

ある新人の成長エピソードをお話しします。

今は部長として活躍するその社員は、新人時代、なかなか業績が上がらず大変な苦労をしました。担当エリアで必死に飛び込み営業を重ねますが、思うように売れません。同期にも大きく遅れをとっていました。競合の求人広告営業がひしめく激戦区の担当だったということもあり、大苦戦します。

何度も挫けそうになりますが、同期や先輩の励ましを受けながら、懸命に努力を重ねます。それでも成果は上がらない。上司も企業ニーズの掴み方や商品の説明の仕方など細かく指導を重ねますが、うまくいきません。

毎日、10社、20社と飛び込みセールスをし、商品の案内をしようとしますが、お客様は「今、忙しい」と取り合ってくれません。やっと商品説明にこぎつけても「バイトルのことはわかったが、あなたから買う気はない」と断られます。

そんな言葉にショックを受け、途方に暮れたその社員は、企業の方が何を求めているか、何を期待しているのかを、毎日、必死に考え抜きました。そして、ある日、あるアイデアを思いつき実行に移します。

飲食店の多く集まる自分の担当エリアを歩き回り、繁盛しているお店をつぶさに観察。グルメサイトなども調べ、その店がどんな工夫をしているか、どんな集客キャンペーンを行っているかなどの情報を集めて、取引のない企業に届け始めたのです。

「儲かる情報をお待ちしました」と飛び込みの挨拶の仕方も変えました。通常は「求人広告のご案内に参りました」と言って商品説明を聞いてもらおうとしますが、それではなかなか時間をとってもらえませんでした。しかし「儲かる情報」の話には興味を持って耳を傾けてくれます。

そうやって顧客との関係性を築き、信頼を集めていきました。求人広告の営業なのに、求人の話をしない営業は大成功でした。お客様のほうから求人の相談が来るようになったのです。業績は、ぐんぐんと上がり始めます。

「お客様の期待は、商品案内をしてもらうことではない。採用が目的なのでもなく、人材を採用してお店を繁盛させたいのだ」ということを、頭だけでなく、身をもって学んだのです。顧客の期待の超え方を、苦労を重ね掴みました。

その後、その社員は若くして営業課長となっていきます。

まさに、フィロソフィーに謳われるファウンダーズスピリットの体現です。「ピンチをチャンス」に変え、「チャレンジし続け」「最後まで諦めず」に、「期待を超える」成長をしてくれました。

このようにして、新人達は、苦労を重ねながら力をつけていきます。フィロソフィーが、社員達のレジリエンス（困難を乗り越える力）を培っています。

研修では、お客様の役に立つため、その「期待を超える」営業活動の大切さを何度も教えられますが、いざ営業現場に出てみると、なかなかうまくいかないのが普通です。エリア、業種、企業によって求められること、期待されることも違います。お会いする方の個性もそれぞれです。決まった手法やノウハウだけでは通用しません。

うまくいかない時こそ、「期待を超える」努力と工夫が大切なのですが、ともするとそれができなくなってしまいます。数字を上げなければならないというプレッシャーがかかると、余計にそうなりがちです。

そういう時に、立ち戻れる行動規範を持っていることが大事になります。

「行き詰まったら、原点に返れ」です。

上司と先輩がアドバイスや指導をするうえでも、単に小手先のノウハウを教えるだけでなく、行動の原則を思い起こさせることが重要です。自分で考え抜き、創意工夫し、アイデアを生み出すことが成長スピードを高めます。

フィロソフィーは、新入社員が最速で成長していくための、原点となっています。

加えて、上司、先輩が「一人ひとりに真剣に向き合い励ます」こと、同期の仲間が「励まし合い切磋琢磨する」ことが、多くの新卒社員達の成長を支えてきました。それを当たり前にする企業文化が、同じ価値観、フィロソフィーを持つからこそ醸成され、強い人と組織を創ってきました。

フィロソフィーは、中途採用においても重要な役割を果たしています。他社でスキルを磨いてきた人材が、フィロソフィーと企業文化に深い共感を持って入社してくるので、その力をより発揮し、大きな戦力となって、組織の多様性を生み出してくれています。

仕事の本義を失わない

冨田が経営において重視してきた従業員満足度は、さまざまな要素によって高まっていきます。給与などの処遇や研修など諸制度、福利厚生は大事な要素です。さらに大きく影響するのが、仕事に喜びとやりがいを感じられることと、仕事によってもたらされる成長感だと思います。

その仕事の喜びを、新人時代の私は全く感じられませんでした。営業が嫌でやりがいを持てず、最初の会社をわずか5か月で辞めてしまいました。生活に困り、やむを得ずアルバイトで入ったリクルートでの求人広告の営業も、当初は苦痛でしかありませんでした。

序章にも書きましたが、そんな私を、上司は「お前は努力の仕方を間違えている」と叱咤し、大事なことに気づかせてくれました。

その努力の仕方を正すために、トップセールス達から話を聞きまくり、その営業スタイルや提案資料を必死になって学びました。

そこからわかったことは、トップセールスになる人には、共通点があるということです。私が入社した当時のリクルートには、今のような知名度はありませんでした。「リクルートです」と電話をすると、「ヤクルト（乳酸菌のです）はいらない！」（発音が似ています）と電話を切られることも。競合企業に広告効果で劣ることも珍しくありません。

そんな中、トップセールス達がやっていたのは、「自分を売る」ことでした。商品・広告を買ってもらうのではなく、自分の提供できる価値をいかに示すか、お客様にどう役に立つかということに一生懸命でした。どうやって採用を成功させるかの提案はもとより、お客様の抱える課題、悩みを聞き出し、その解決のために実に多くの工夫をしていました。

お客様の持つ課題すら聞き出せない私に、あるトップセールスから「お前は、商品を売ることしか考えず、お客様に関心を持っていないだろう。自分のことを知りもしない人に、悩みを話すか？」「そもそも、お客様がわざわざお前のために時間をとってくれたことに感謝が足りない。忙しい中、ありがたいことだなと思え。そう思えたら、役に立つため、事前にいろいろと調べて考えるだろう」と言われ、自分の至らなさを痛感しました。

私も先輩にならい、お客様の役に立つため、情報収集や知識の研鑽に懸命に励みました。学ぶことは山のようにあります。

まず、お客様のことを知る。お困りごとに耳を傾け、一つひとつに応えていくことで、顧客の役に立つ存在になる。そのことに必死になりました。

そうしているうちに、「君の話や情報は役に立つね」と喜んでいただけることが増えていきました。私はそれが嬉しくてたまりませんでした。

営業が大嫌いだった自分が、お客様から喜ばれる、褒められる。自分自身を認めてもらえることに、大きな喜びを感じ始めました。私は仕事で初めて自己肯定感を持てるようになったのです。

それから、どうしたらお客様の役に立つか、お客様の心を動かすことができるかを考え工夫し、形にしていくことがどんどん楽しくなっていきました。

そのスタイルは、商品案内に終始する競合他社の営業に辟易しているお客様に対して、効果抜群でした。採用にかかわらず何でも相談される存在になることで、顧客が増え、業績が伸びました。

泣かず飛ばずの営業だった私にとって、売上目標を達成できるようになったのは嬉しいことです。しかしそれ以上に、お客様に頼られ、自分の存在価値を実感できたことに喜びを感じ、初めて仕事のやりがいというものを掴むことができました。

「働く」とは、「傍楽（ハタラク）」ということ、「傍を楽しませる、傍を楽にする」ことだと言われます。周りの人のために役に立つことが仕事の本義だという当て字です。

まさにこの言葉通り、人の役に立ち感謝されることの中に、仕事の喜びとやりがいが生まれるということを、私は心底感じることができました。

その実感は、その後のキャリアに、マネジメント、経営に携わるようになる上で、大きな力になります。

私は、このような経験をしてきたので、冨田の「期待を超える」という行動哲学の持つ意味の深さがよくわかりました。相手の期待に応え、それを超えることで満足してもらえ感謝をされる。それが仕事の本義だとの意味がこめられていることに、大きな共感を覚えています。

「期待を超える」は、営業職だけでなく、全ての社員に求められます。「ユーザーファースト」を支える商品企画担当、エンジニア。人事・総務など管理部門のスタッフにも、その顧客である社員達の期待をいかに超えるかを、常に考えさせます。

第2章で記した新入社員達が入社式で流す涙。それは採用・研修担当の社員達が、どうしたら新人の「期待を超える」歓迎をできるかと、プログラム、演出を考え抜くからこそ生まれます。

社員総会で大きな感動が生まれ、全社の一体感が高まるのも、冨田をはじめ役員や総会を運営する事務局が、社員達の「期待を超える」ために考え抜き、心を砕き、準備を行っているからです。

感動は、期待を超えるからこそ生まれます。

ユーザーとクライアントの満足度を高めるためには、社員達がその力を磨き、期待されている以上の高い価値を提供していかなくてはなりません。それによってお客様に喜んでいただくことが、仕事の喜び、やりがいを生みます。仕事の喜びとやりがいが大きければ、自ずと生産性が上がり、創造性も高まります。

その価値提供で売上、利益が上がり、社員の給与や処遇もより良くしていけます。社員達は満足度を上げ、さらに力をつけ、頑張ろうと思えます。

フィロソフィーに謳われるファウンダーズスピリットの一つ「期待を超える」は、ユーザー、クライアント、そして社員の満足度を上げ、ロイヤリティを高めるための行動哲学として、なくてはならないものなのです。

フィロソフィーは、社員達が事業の存在意義と仕事の本義を見失わず、社会に高い価値提供をしていく大きな力を生み出しています。

第五章

フィロソフィーによる人材育成

仕事を楽しむための極意を教える

冨田には「ディップでの仕事を通して、社員達に幸せになって欲しい」との強い思いがあります。

「仕事、人生を楽しむ」は、フィロソフィー経営の中でも重視され、ファウンダーズスピリットに掲げられた大切な言葉です。

「仕事に喜びとやりがいを持ち成長感を味わえる力を磨いて欲しい」

「人生を豊かにし楽しめる力を身につけて欲しい」

その冨田の強い願いが込められています。

２０１８年に経営コンサルタントの藤沢久美氏が、ディップの人材育成について書いた『あの会社の新人は、なぜ育つのか』（ダイヤモンド社）という書籍が出版されました。

そこに、ディップが毎年3桁の新卒大型採用をしながらも、新入社員を最速で育て上げていると書かれていたこともあってか、「新卒社員の育成方法を聞かせて欲しい」と社外の方から声をかけていただくことが多くなりました。

そこで、第2章で記した新入社員の導入研修で、私が行っている講義内容を通して、その育成の仕方の一部をお伝えしたいと思います。

新卒で入社した社員が約8割を占めるディップでは、その社員達の成長度合いがそのまま企業成長につながります。

新入社員の育成について、冨田は「新卒で最初に入った会社で、社会人としての正しい価値観を身につけさせることが大切だ」「それが新卒を採る企業の責任だ」と口癖のように言います。

社会人となった時に、仕事をしていく上での正しい価値観とスタンスを持つこと。

仕事の捉え方、仕事への向き合い方を学び、それを身につけること。

それが自己成長、仕事の成果、ひいては人生に大きく影響していく。それを、私自身も新人時代の大きな失敗を通して痛感していたので、冨田の言葉に強く共感しています。

私は、始めて間もない営業の仕事が楽しくないと、わずか5か月で逃げ出し、つらい思いをしました。親や周囲にも相当な心配をかけ、自分の不甲斐なさをとても後悔したので、そんな思いを新人達には決してさせたくないと思ってきました。

営業職は自分に向いていないと思い込んでいた私が、アルバイトで始めたリクルートでの営業に、初めてやりがいを感じた時の喜び。それを新人達にも味わってもらいたい。

そして、たくさんの失敗と苦労を重ね、仕事が楽しいと思えるようになるまで、どのように仕事に向き合ってきたのかを伝えたいと考えました。

私がリクルートに入って変われたのは、仕事に対するスタンスを教えられ、叩き込まれたからです。

教えられたと言っても、教科書などはありません。圧倒的な当事者意識を発揮しながら、高い業績を上げている上司・先輩達の姿。その言動から大切なスタンス、仕事の哲学を学ばされました。管理職、事業責任者になってからも多くの失敗を重ね、そのたびに自分の仕事へのスタンスを改めさせられました。

そんな自分を振り返り、新人時代に何に悩みどう乗り越えてきたかを思い起こしながら、新入社員達に伝えるメッセージを綴ることにしました。

冨田が大切に思う社会人としての正しい価値観、ディップの社員として持つべきスタンスを書き出しました。

仕事のプロフェッショナルとして一流になって欲しいと願い、感銘を受けた先人達の箴言、至言を数多く引用しています。

タイトルは「一流のビジネスパーソンとなるための八か条」です。

新人達が、日々の自分を振り返りチェックできるよう、条文形式にしました。仕事が思うようにうまくいかない時に読み返して励みになるよう、各条項に長文のメッセージを綴りました。

若い人の価値観は変わり、多様化しています。価値観を押し付けられることを嫌がる人もいます。しかし、仕事においては、いつの時代も変えてはいけないものがあるように思います。ノウハウやテクニックではなく、仕事をしていく上で大切にして欲しいことを、若い社員達にきちんと伝えたいと考え形にしました。

各条文を記します。全文は新入社員に配付しているままの形で、巻末に収めます。

第一条　一流のプロは主体性をもって仕事をする

自ら仕事を創り出し、仕事を楽しむのがプロ

第二条　一流のプロは基本を疎かにしない

マナーとルール厳守がビジネスの基本

第三条　一流のプロは自己管理を徹底する

自分のことすら管理できない者に、他人や組織は管理できない

第四条　一流のプロは自己研鑽を怠らない

育ててもらうのではなく、自ら力をつける努力をする

第五条　一流のプロは自ら目標を設定する

言われずにやるのがプロ　人は掲げた目標以上に成長しない

第六条　一流のプロは結果に自己責任をもつ

ビジネスに他責は厳禁

第七条　一流のプロは勝利に執念をもつ

執念が知恵と工夫を生み、地道な努力が結果を決める

第八条　一流のプロは一流の人間性をもっている

誠実さと感謝の心が人間力の基本

この「八か条」をもとに、私は２００６年春から毎年、１週間にわたる新入社員の導入研修で講義を続けてきました。新人時代の数々の失敗談を交えながら行う講義のタイトルは、「仕事、人生を楽しむ極意」です。

冨田の「ディップで仕事・人生を楽しんで欲しい」「社員に幸せになって欲しい」との思いを伝えながらの2時間の講義には、とても熱が入ります。厳しい口調も使い、冗談も交えながら、熱く語りかけます。

社会人として、ディップの社員として大切にして欲しい価値観、スタンス。それが新人達に伝わるようにと懸命に語ってきました。

研修講義「人生の舞台の主人公は自分」個性と強みを大切にさせる

導入研修での講義は、他にも2つ行っています。

そこでは、仕事への向き合い方、スタンスを、比喩を用いて伝えます。これから新人達が必ず直面するであろう困難に挫けず、それを乗り越えていくイメージを湧かせてもらうためです。

私は講義の際、熱過ぎるほどに声を張り上げ、懸命にアクションを取り、感情を込めて話します。新人達は元気一杯の挨拶と大きな声、熱い口調に圧倒されると言います。

CHO（最高人事責任者）の時には、その頭文字から「C超Hホットな０おじさん」など社員達から呼ばれていました。

2つ目の講義。「人生の舞台の主人公は自分」の冒頭では、私がそんな姿を見せる理由を、舞台で演技している役者と同じく、自分の役柄、役割を演じているからだと説明します。

私はもともと緊張しやすく、人前で話すのが苦手です。

新人の頃は、話をする時に「顔がこわばっている」「声が小さい」と指摘を受け、鏡の前で笑ったり、河原で大声を出す練習をしたりしていました。商談の際には、何をどう話すかを考え、手帳に細かく書き込み臨みます。壇上に立ち話をする立場になってからも、入念に準備しスピーチの練習を重ねています。

研修の講義でも、新人達に期待と励ましの思いが、情熱が伝わるようにと、話し方と振る舞い方を考え工夫していることを話した上で、こう語りかけます。

人生の舞台の主人公は自分です。

舞台に立った役者は、その役柄を演じ、その演技で観客の心を動かし感動させます。

人生のステージの観客は、お客様、上司や先輩、同期の仲間、家族、友人、たくさんの観客が見ています。

演じるとは、偽りの自分を演じるということではありません。どんな役柄を演じるかは、自分で決めることです。自分の個性に合った役柄を演じていけばいい。

どんな役を引き受けるか、どんな役を与えてもらうかは自分次第です。

駆け出しの役者は、自分が欲しい役柄を掴み取るため、懸命に努力を、稽古を重ねます。

自分の個性や強みに合った役柄を決め、シナリオを書いて演出を考え、一生懸命、稽古に励んで欲しい。

最初はうまく演じられないこともある、失敗もあると思います。

けれど、懸命に稽古を重ねていけば、やがて台本もいらなくなり、アドリブをきかせ、どんなステージでも観客を魅了できるようになります。そういう一流の役者になって欲しいと願っています。

役者の一番の喜びは、観客が喜んでいるのを見たり、感じたりすることです。観客の感動が、自分を感動させてくれます。

劇やドラマの感動は、主人公がいろいろな壁にぶつかり、悩み苦しみ、それを乗り越えていくから生まれます。

思いっきり挑戦し、失敗してもまた立ち上がり、懸命に努力を重ね、多くの人を感動させてください。

懸命な稽古と苦労を重ね、観客の心を動かす一流の役者、素晴らしい人生の主人公になってください！


こうやって、新人達に励ましを送ります。

「自分こそが、自分の人生という劇の『脚本家』であり、『主人公』なのである。誰かが脚本を書いてくれるのではない。演出してくれるのでもない。自分が書いて、自分が俳優として演ずる。全部、自分が創るのである」との励ましを、かつて自分自身が、恩師から受けたことを思い起こし、新人達へのメッセージを考えました。

そして、最後に2つの言葉を伝えます。

ディップの未来を担うリーダーになって欲しいとの期待を込めて、

「人はリーダーに生まれない。生まれついてのリーダーなど存在せず、リーダーとして振舞える習慣を持つ人が結果としてリーダーに育つのだ」とのP・F・ドラッカーの至言を。

もう一つは、「桜梅桃李(おうばいとうり)」という私の大好きな言葉です。「桜には桜、梅には梅とそれぞれの木にそれぞれの花が咲く。どの花も個性があって美しい。それぞれの個性を大切に」との意味があります。

桜は、冬の寒さが厳しいほど美しい花が咲くと言われます。同じように、新人達がこれから仕事をしていく上で出会うさまざまな困難に負けず、その厳しさを乗り越えていけるように。そして、自分の強みを大切にしながら、それぞれの個性の上に見事な花を咲かせてくれるようにとの願いを込めて、この言葉を贈っています。

研修講義「人生の山登り」困難に挫けぬように決意をさせる

研修での最後の講義は「人生の山登り」というタイトルです。人生を山登りに例えて、その山の登り方を話します。

高い山に登るには、体力、気力が必要です。山登りは苦しいものですが、それでも人は頂上からの景色を求めて登ります。

人生にも、苦労しないと見えない景色があります。

これからたくさんの困難に直面し、多くの失敗を重ねていく新人達に、決して挫けずに頑張って欲しいとの思いを込めて語りかけます。

人生はよく、山登りに例えられます。

山はどれだけ高く登るかで、見える景色が変わっていきます。

人生、仕事の山も同じです。どれだけ登っていくかで、仕事の喜びややりがい、生活も変わります。

人生の山の登り方には、８つのコツがあります。

1つ目は「どの頂上を目指すかは、決めても決めなくてもいい」です。

人生の目標を持て、どんなキャリアを目指すかを決めたほうがいいとよく言われます。でもどんな目標を持てばいいのかわからない、将来のことをイメージできない人もいるでしょう。

私もそれを決められないタイプでした。人生の山は高いので「あそこまで登らないといけないのか」と思うと足がすくむ性質です。

目の前にある道を、足元を見つめながら一歩ずつ歩んでいっても山は登れます。頂上ばかり見て登ると、足元の石に気づかず、つまずいたりして危なかったりもします。

どの頂上を目指すか、どこまで登るかを決めずとも、目の前の道を登り続ければ、自ずと景色が開けてきます。

2つ目のコツは「平坦な道、迂回路を選ばない」です。

楽をしようと思って平坦な道を選ぶ、迂回しながら登っていくと、とても時間がかかります。

ヘリコプターを使えたら早く行けるのですが、人生の山登りには使えません。迂回せず真っすぐに登るのが、一番早い。

3つ目は「断崖絶壁でも、勇気を持って真っすぐ登る」です。

真っすぐに登ろうとすると、断崖絶壁にぶつかることもあります。

どんな壁でも、勇気を持って登って欲しい。

本当の山登りでは、崖から落ちたら怪我をする。命に関わるような事故もあります。人生の山登りは、足を滑らせても怪我はしません。失敗してもちょっとつらい思いをするだけです。

「崖から落ちたら、原因を考えまた挑戦する」が4つ目です。

転んだり落ちたり、失敗したら、まず原因を考え、また挑戦すればいい。何回も落ちたほうが、早く登り方を習得できます。何度も失敗し、そこから学び、挑戦を繰り返して欲しい。どんな壁でも登れるようになります。

5つ目は「人の手を借り、登り方のうまい人を真似る」です。

人生の山登りは、人の手を借りたほうが早く登れます。

懸命に登ろうとしていたら、上司や先輩がロープを投げてくれたり、手を引いてくれたりします。うまい登り方ができている人を真似るのも、登る力を早く身につけるコツです。誰も登ったことがない前人未踏の絶壁などありません。上司、先輩達がみんな、越えてきた壁です。

どれだけの人に助けてもらえるかは、自分次第。一生懸命登ろうとしない人には、誰も手を差し伸べてくれません。

6つ目は「何のために登るのか、誰のために登るのかを考える」です。

何のために登るのかがないと、なかなか力が出ません。自分のためだけに登ろうとすると行き詰まり、力が尽きてしまいます。お客様のため、仲間のため、家族のため、誰かのためにと思えると力が湧いてくるものです。

次は「ルートを考え、修正する」です。

どのルートを登るのか、いつも考えることが大切です。ルートを間違えると、なかなか上に行けません。道に迷ったままだと山は登れません。迷ったなと思ったら、すぐに軌道修正することが大切です。

最後のコツは「人生の山登りに必要なのは、決意と覚悟、逃げない勇気。それをコンパスにする」です。

この山を登り切ろうという強い決意と覚悟。どんな断崖絶壁でも逃げない勇気。それがあれば、どんなに高いと思える山でも必ず登っていけます。

疲れたら途中で一休みしていい。足を止め振り返ってみたら、そこにはいい景色が拓けているはず。その景色を眺めながら休憩し、また元気を出して登って欲しい。

人生の山は、自分一人で登っているのではありません。仲間が一緒だと思ったら元気と勇気が湧きます。同期の仲間と声を掛け合い、励まし合って登って欲しい。

君たち一人ひとりの持っている力、可能性は無限です。どんな高い山でも登っていける。

自分の力を信じ、どんどんと登って欲しい。どんなに苦しくても、つらくても、挫けずひるまず、一歩ずつ。

登るたびに開ける眺めを、頂からの素晴らしい景色を楽しみに、人生の山登りに思いっきり挑戦してください！


これが新入社員導入研修の最後に送る、激励のメッセージです。一人ひとりへの期待を込め、「ディップを、この仕事を選んでよかった」と思える「仕事、人生を楽しむ」日々であることを願いながら、講義を終えます。

冨田は、入社式の祝辞で必ず「数多くの会社の中からディップを選んでくれて、仲間になってくれて、ありがとう」と感謝の言葉を贈ります。私も、新入社員達にその感謝の思いを精一杯込めて、熱い講義を続けてきました。

第2章でも書きましたが、冨田や私、役員のもとには、導入研修と入社式を終えた後、新入社員全員からお礼と決意のメールが送られてきます。そこには、読んでいて胸が熱くなるような、頼もしい思いがたくさん綴られています。講義で語ってきたことがきちんと伝わっていると思え、嬉しい気持ちで一杯になります。

導入研修後の入社式を終え、新人達一人ひとりを握手で送り出した後。冨田は列席した経営幹部と人事の者を集め、採用活動と研修へのねぎらいをしつつ語ります。

「いい採用ができたか、いい研修だったかの評価は、3年後、あの新人達がどれだけ成長し活躍しているかで決まります。責任を持ってしっかりと育ててください」

その言葉を受けた経営幹部達は、新入社員を幸せにしたいとの思いと、育成への決意を深く新たにします。

一人ひとりに向き合い励ます

冨田の思いを受け、新人達への激励は、研修の後も続きます。

私は少人数で、ランチや夜の会食の場を設け、フランクに新人達の悩みを聞き、アドバイスをしながら励ましを送ってきました。大半の者は「思ったようにうまくいかない」と言います。私の新人時代も同じだったと、自分の失敗談を語りながら、激励をしてきました。上司の自慢話は若い社員に嫌がられますが、苦労話は真剣に聞き入ってくれます。

夜の会食の場は単なる飲み会にしたくないので、「大質問大会」と銘打って開催してきました。全員とは難しいので希望者のリクエストで行います。話を聞きたいとメールの連絡があれば、一緒に語り合いたいメンバーを4～5人集めて欲しいと頼み、日程を調整します。私を誘うことに、上司の許可などはいりません。

依頼があれば、全国どこへでもスケジュールを調整し必ず行きます。大阪や名古屋であれば、出張での業務がなくとも、夕方に向かい、翌朝始発で戻るというような強行軍も行ってきました。

新人だけでなく、中堅社員、中途入社者、管理職も同様に、声がかかれば話を聞きます。そういう形式で毎年400～500人と会食を重ねてきました。

社員数が多くなってからは、個々人のことがよくわからないので、社内報の自己紹介、人事データや業績などを事前に調べていきます。

研修や社員総会のお礼メールや、全社員に送っている誕生祝メールへの返信などもチェックします。そして「以前、こんな決意を書いてくれていたけど、その後どう？」と語りかけたりします。数多くの社員がいる中で、自分のことを知ってくれているのは嬉しいだろうなと思うからです。相手のことを知れば、会話ははずみ誠実さも伝わります。

相手のことを知るのは営業の鉄則です。その仕事へのスタンスを、自らの姿で示す狙いもあります。

また、事前にどんな質問をしたいか、どんな話をしたいかをメールで集め、個々人のプロフィールや業績も見ながら、どういうアドバイスをしたらいいかのストーリーを考え、臨むようにしています。

中には、どうしても一対一で話したいという依頼もあります。多くはキャリアの悩み、退職を迷っている場合が多いのですが、そういう時にも、徹底的に一人ひとりと向き合います。

退職の相談に乗る時の私のスタンスは決まっています。その社員の人生の選択として、応援したいと思えるかどうかです。

いい選択だと思えば背中を押してあげるし、そうでなければよくよく考えるようアドバイスをします。辞められると会社や組織が困るというのではなく、その社員にとっていい選択かどうかを一緒に考えるようにしてきました。若いメンバーは経験が浅い分視野が狭くなりがちなので、自分の経験やかつての部下の事例などを通して話します。

メンバーが求めてくれれば、何回でも、何時間でも話を聞きます。退職を思い留まったメンバーが「あの時の選択は間違っていなかったです」と言ってくれることが、何よりの喜びです。

ある大阪の社員は、入社1年目を終えようとしていたある日、どうしても相談したいことがあると連絡をしてきました。期末を迎え忙しく日程調整ができないので、「期が明けてからか、まずは電話で話そう」と伝えましたが、それでは困ると言います。余程深刻な悩みを抱えているに違いないと思い、なんとかスケジュールを調整し駆けつけました。

そこで打ち明けられた話は、「このままでは、狙っていた通期新人賞がとれません。アドバイスを下さい」というものでした。深刻な相談事ではなく安心し、その懸命さに頼もしさも感じました。しかし内心「忙しいのに勘弁してくれよ」と思いつつ、ありったけのアドバイスと激励をし、翌朝新幹線で東京に戻りました。

その社員が見事に通期新人賞を獲得してくれたことも、嬉しい思い出です。

全ての社員にできることではありませんが、「上司は仕えるものではなく、使うもの」と教えてきたので、私を使おう、話を聞きたいという主体性を持った社員達から、声をかけられるのは大歓迎です。

こうやって、一人ひとりと真剣に向き合い、悩みや疑問に答え、励ましを送ることを大事にしてきました。

よくメンバーから「どうして、そこまでやるのですか？」と聞かれますが、その時の答えは「組織は一人から変わるから」です。

「一日かけて、君が今のその熱い思いを隣の者に伝えるとしよう。翌日は、２人でそれぞれ隣の一人を本気にする。その翌日は、その4人が8人に。そうやって16人、32人……と増えていけば、12日間で2000人を超える社員が同じ思いに立てるだろ。ディップはあっと言う間に、もっともっと凄い会社になるよ」と。

もう一つの理由は、「社員一人ひとりの持っている可能性は無限」だと考えているからです。その可能性を信じ、大きく花開かせて欲しいとの思いでやってきました。リクルートで私が上司から、そうされてきたように。

それに、人を励ましていると、自分も励まされ元気になります。

人のために灯をともせば、自分の前も明るくなります。

冨田も、昇格者のお祝いの会を主催したり、自宅での会食に社員を招待したりします。もちろん呼ばれるのは選ばれし少人数ですが、そのモチベーションの上がり度合いは大変なものです。

日本有数の別荘地、神奈川県逗子市の「披露山(ひろやま)」に、社の保有する保養所があります。そこで催される成績優秀者を集めたバーベキューパーティーでは、冨田や役員が肉を焼き、社員をねぎらい激励します。そして仕事について熱く語り合ってきました。

役員はバーベキュー専用のエプロンを持っています。そこには「NIKUYAKUIN(肉役員)」とプリントが。社員の洒落たアイデアです。

岩田や他の役員達も、それぞれのやり方、スタイルでメンバーと語り合い、励ましを送ります。

そうした激励を受け、その姿を見て学んだ管理職や先輩社員たちが、部下や後輩、新人達を励まし育てています。こうした「励ましの文化」が、多くの社員達の「仕事、人生を楽しむ」力を磨き、強い組織をつくってきました。

制度と仕組みに落とし込む

「励ましの文化」は、「ツキイチ」と名付けられた月一回の上司と部下による1on1ミーティングという形で制度にもなっています。1on1はシリコンバレーで生まれ、日本でもヤフーや楽天などが取り入れ話題になりましたが、ディップでも早くから導入されました。メンバーの内発的動機づけをするための大切な場です。

組織の壁を超え役員や管理職に、仕事やキャリアにおける相談をできる仕組みもつくられています。

「仕事、人生を楽しむ」は、さまざまな人事制度と施策をつくる拠りどころとなってきました。

仕事を楽しむ力を磨くため、手厚い新入社員研修だけでなく、階層別、能力開発研修など多様な教育プログラムを独自に開発し充実させています。経営人材育成のため、グロービスのマネジメントスクールに選抜者を送る制度もあります。すでに300人が受講しました。

自己研鑽のため、ビジネスブレークスルー大学、グロービス経営大学院などのオンライン講座の受け放題や、社外の自己啓発プログラムの受講料補助もあります。

このような教育・研修投資は、新卒入社で課長職への昇格が早い者で3年半、部長職には7年。管理職昇格の平均年齢が28・9歳と、人材の最速成長を促してきました。

「ワークライフヒアリング」という仕組みもあります。半期ごとに行われる評価のフィードバックと、翌半期の目標設定の際に行われます。管理職が部下一人ひとりと時間をかけて、評価における納得度を確認しながら、キャリアについて相談を受けます。

同時に、私生活においての変化や問題を抱えていないかを確認します。ライフというワードを入れているのにはこだわりがあります。社員に仕事だけでなく人生を大切にして欲しいと、冨田が強く思っているからです。

冨田の、人生を豊かにし、楽しんで欲しいとの思いは、退職金制度にも表れています。ディップは日本版ESOP（自社株式を使った退職金給付制度）を先駆的に導入しました。

個々人が仕事を楽しめる力を磨くことが、企業価値の向上を生み、それが人生を豊かにしていくことにつながるという考えのもと、導入されました。

女性活躍推進にも早くから力を入れています。

２００８年、子供がいる女性社員が安心して働ける「チャイルドケアプログラム」という制度を導入。子育てをしながらの働き方をフレキシブルにできるようにしました。

２０１５年には、女性社員の自律的なキャリア形成力を育むことを目的に「フルオブワークライフプロジェクト（Ｆプロ）」が女性社員の代表メンバーで発足。仕事も人生もフルに楽しもうとの思いを込めた社員によるネーミングです。

女性が抱えがちな悩みへのヒントやライフイベントに関する知識・事例をまとめた「キャリアバイブル」、１００人のロールモデルが登場する「キャリアシェアＢＯＯＫ」の企画・発刊。メンターと出会える「キャリア座談会」の開催などの活動が行われてきました。男性管理職の意識改革のためのＢＯＳＳ Ｆプロも、彼女たちのアイデアで実施。

このような取組の結果、女性活躍推進が優良な企業に与えられる「えるぼしマーク」では、最高位である第3段階を獲得しています。「子育てサポート企業」として「くるみんマーク」も取得済みです。女性管理職比率は33・1％と上場企業平均を大きく上回っています。「仕事、人生を楽しむ」は、ダイバーシティー経営にも活かされてきました。

フィロソフィーは、採用活動においても非常に重要な役割を持っています。採用に当たっては、その人材の持つポテンシャル、経験・スキルはもちろん重視しますが、何よりフィロソフィー、そして企業文化への共感を大切にしています。それがないと優秀な人材も、組織で十分な力を発揮できないからです。

冨田は、「志を同じくした人とそれを遂げる喜びを分かち合いたい」と言います。経営幹部の採用においては、「自分よりも能力の高い人を採用し、その人材が高いパフォーマンスを発揮できる環境を創っていくことが私の仕事だ」と語っています。

フィロソフィーは、その志を企業理念として謳い、働く環境、企業文化を創る基（もとい）となってきました。

冨田のフィロソフィー経営は、独自の研修制度や人事諸制度を創り出し、強い採用力を生んでいます。そのもとで採用され育った社員達のロイヤリティが、人と組織の力を高め、ディップを大きく成長させてきました。

第六章

新たな未来への挑戦

新たなビジョンで進化を目指す

冨田は、２０１９年3月の社員総会で新たな企業ビジョンを発表します。

Labor force solution company

求人広告を通じた人材採用の支援に加え、ＡＩ（人工知能）・ＲＰＡ（ロボティック・プロセス・オートメーション）を活用したサービスの提供により、労働力に関わる諸問題を解決する「労働力の総合商社」を目指すと宣言しました。

その年の1月。冨田は、急速に発達するＡＩやＲＰＡといったデジタル技術によって生み出される労働力をデジタルレイバーフォース（Digital labor force）と名付け、これまでの人材（Human work force と命名）サービスに加え、新たな事業を立ち上げます。

パソコン上での単純作業・定型業務を自動化するＲＰＡは、大手企業を中心に急速に普及し始めています。

しかし、中堅・中小企業においては、使い方が難解で、導入・保守コストが高く、社内に技術者や専門家がいないため、なかなか導入が進んでいません。深刻な人手不足に加え、その労働力の代替となるＲＰＡの活用やＩＴ化が大きく遅れています。

そこで、業界ごとに多くの企業に共通する定型業務を自動化するロボットを開発。ノウハウがなく、コストを十分にかけられない中堅・中小企業でも、手軽に、すぐに、低コストで導入できる、運用・保守を24時間３６５日サポートするＦＡＳＴ ＲＰＡサービスを「コボット」との名称で提供し始めました。

２０２０年の4月には、ベトナム最大のＩＴ企業であるＦＰＴソフトウェアと業務提携し、さらに高い技術で低コストのサービスを提供。初期費用と保守費用が不要なことに加え、月額2万円からと中小企業でも安心して使える価格にしました。

２０１９年9月の販売開始からわずか1年半で、導入実績はすでに1万社を優に超え、急成長を始めています。

なぜ、冨田はこの事業のアイデアを生み出せたのか、著名ビジネス誌のインタビューにこう答えています。

「ディップは、創業時から常に、時代の変化を進化に変えてきた歴史を持っています。

インターネットの黎明期に、求人のあり方もネットに移行すると考えて、いち早くインターネットの求人情報サイトを立ち上げました。当時は紙の求人情報誌しかなく求人広告枠も小さなものでしたが、インターネットに移すことで求人情報のあり方が大きく進化しました。

ＹｏｕＴｕｂｅが出始めた頃には、動画の時代が来ると確信し、職場を動画で紹介する機能を取り入れました。ユーザーには職場の雰囲気がよくわかると評判になりました。当時としては斬新で、ようやく時代が追いついたなと感じます。

そして近年のＡＩやＲＰＡといった技術の発展を受け、新たな進化を実現しようと乗り出したのが、デジタルレイバーフォース事業です。

冨田の「時代の変化を進化に」との経営哲学のもとで生まれたアイデアが、短期間で事業化にこぎつけ、大きく成長しているのには、４つの理由があります。

１つ目は、最先端の技術情報が集積されていたからです。

２０１６年に、日本初で情報量が最大級のＡＩ専門メディア「ＡＩＮＯＷ」を開始し、ＡＩ関連情報を発信してきました。

さらに、ＡＩ関連分野のベンチャー企業を育成・支援するため「AI.Accelerator」というインキュベーション事業も始めました。すでに１０００社以上のベンチャーと面談し、有望な企業を支援しています。デジタルレイバーフォース事業は、こうした情報と知見に裏打ちされているのです。

「ＡＩＮＯＷ」と「AI.Accelerator」は、冨田が２０１５年に、ＡＩの事業化を指示し準備がスタートしました。プロジェクトリーダーに任命されたのは、２００６、０７年に新卒で入社し部長職に育ってきた社員達です。プロジェクトには学生インターンも多数参加しました。最先端技術を学ぶ学生達が大きな貢献を果たし、その後社員として活躍している者もいます。

冨田の新たな事業構想のアイデアを形にしていく、「自らがｄｉｐを創る」とのファウンダーズスピリット、フィロソフィーを体現する社員達が大きく成長し大奮闘しています。

２つ目の理由は、自社でのデジタルレイバー活用のノウハウと実績があったからです。

２０１８年から営業活動の定型作業を自動化し、30万時間以上の業務削減に成功しています。営業担当者に秘書がついているような状態で、有望な新規の見込み顧客をデジタルレイバーがアドバイスしてくれるなど、働き方を大きく効率化しました。

今や年間70万時間（約３５０人分の労働力に相当）の削減計画を掲げるなど、先進的な取組を行っています。その実績が、お客様にサービスの案内をする営業担当の大きな自信です。

３つ目は、毎月40万件以上の求人情報を取り扱い、さまざまな業界や仕事内容に精通していることです。それが、どのような業務をＡＩ・ＲＰＡの活用で効率化すればいいかを提案していく上で、大きな力になっています。

そして最後は、中途採用による人材の活躍です。

冨田が新たに掲げたビジョン「Labor force solution company」に魅せられ、プロフェッショナルな経営幹部、エンジニアなどが続々と入社しています。その人材の力で、事業の立ち上げと事業拡大のスピードが一気に加速しました。

2021年3月、AI・RPA関連事業は、DX事業と名称を変えサービスの範囲を大きく拡充。日本企業がDX（デジタルトランスフォーメーション）を急速に進める追い風に乗り、中堅・中小企業のDX化を支援する事業として、2025年に450億円の売上目標を掲げ、急成長をしています。

冨田は事業への思いをこう語ります。

「ルーティン作業はデジタルレイバーに任せて効率化し、人には、その人の能力を発揮できる仕事を任せたほうが、職場も活き活きとし、労働環境もよくなっていきます。そうなれば、従業員は長く定着してくれて熟練度も高まります。やがて生産性は向上し、結果的に企業の競争力強化につながります。

人間がもっと人間らしい仕事に取り組み、会社の生産性も業績も上がる。何よりも仕事が楽しく、幸せを感じられる世の中にしたい」

フィロソフィーに謳われた企業理念「私たちｄｉｐは夢とアイデアと情熱で社会を改善する存在となる」のもとに掲げられた新たなビジョン「Labor force solution company」。

そこに込められた、冨田の働く人への思いは、社員達の大きな共感を呼び、新たな事業への情熱を大いにかき立てています。

コロナ禍のユーザー、クライアントを思う

２０２０年、世界を襲ったコロナ禍。

冨田は、大きな不安を抱え、困窮に陥っているユーザーとクライアントに対して、矢継早に支援策を打ち出します。

３月９日、新型コロナウイルスに感染したユーザーに向けた経済支援策を発表。

「バイトル」「バイトルＮＥＸＴ」「はたらこねっと」を通じてアルバイト、パート、派遣など有期雇用の仕事に就いて働いている方が、新型コロナウイルスに感染した際、治療期間として必要な半月分の収入相当額を支給する施策です。

有期雇用の方は、有給休暇や休業手当などが不十分なことが多いのが実情です。万が一感染すると、休業によって収入が減少するため、病気への不安だけでなく、経済的な生活

不安も同時に抱えてしまいます。そのようなユーザーの方々の不安を和らげることが狙いです。

支援策発表のリリースには、冨田の思いがこのように綴られています。

「この支援策が、私たちの大切なユーザーの皆様の不安の軽減に少しでもつながり、暗いニュースが続く日々の中に少しでも明るさをもたらすことを心から願っています」

冨田は、コロナ禍で苦境に立たされる有期雇用の方々の待遇向上のムーブメントを起こそうと、全国紙5紙の15段を使い「バイトを守れ」とのメッセージで、支援策の告知を行いました。

各サイトにおいては「広がれ、コロナ支援」特集を開始。新型コロナウイルス感染拡大に伴う従業員の休業・休職などに対する、企業独自の取組を紹介するものです。

この施策を通じ、企業が従業員への支援について、公的保障を上回る取組を検討する機会が増えるように、それが、有期雇用の方が抱える経済的な生活不安解消につながるようにと企画されました。

「広がれ、コロナ支援」のページには、「〝働く人を守る〟その想いを拡げたい」とのメッセージが掲げられます。

3月23日には、在宅ワーク・リモートワークでできる仕事を集めた特設ページを開設し、顧客企業に無償で提供しました。感染拡大に伴う就業機会の減少により収入が減った方や、ご自身やご家族の感染とその予防のため出勤が困難になった方が、仕事に就けるようにと考えられた企画です。

企業側に対しても、即座に支援策が打たれます。3月2日から始まった一斉臨時休校を受け、保護者などの従業員の欠勤対応に苦慮する企業のために、求人掲載枠の無償での提供を決定。全営業担当が案内に奔走しました。

また、資金繰りが悪化する中、人材確保をしなければならない顧客企業を支えるため、掲載費の支払い期日を猶予する施策を実施。これには、「ディップは、ここまで考えてくれるのか」と、多くのお客様から感謝の声が寄せられました。

この一連の施策が実施されていくまでの間、冨田は常に、ユーザー、クライアントのことを案じ何かできないかと考え続けていました。頻繁に経営幹部が集められ、施策の検討が行われています。

それは、社員に対する対応についても同様です。社員の健康を第一にと、1月から他社に先駆け早々にリモートワークや時差出勤を推奨するなど、感染リスク回避のためにさまざまな措置が講じられます。自宅にリモートワークのための椅子やデスクがないという社員の声を聞き、経費での購入も即座に認めました。

２０２０年４月からの緊急事態宣言下。「リモートワークで大切なこと」とのメッセージを冨田自ら全社員に発信。リモートワークでもモチベーションを維持し、仕事の楽しさを味わう手法を細やかにアドバイスしました。

「ディップの社員は変化に対応できる、ピンチをチャンスに変えられると信じています。この大きな変化を、大きな成長につなげる事を期待しています。皆さんには２０００人を超える仲間、あなたの成長を心から応援してくれる上司や同僚がいます。与えられた環境を嘆くのではなく活かしてください。あの時があったから今の自分があると誇れる自分になってください」と熱い励ましを送っています。

一連の素早い施策は、ユーザー、クライアントからの大きな支持を集め、社員達の勇気と希望になりました。

それが力となり、11月には、サイトへの掲載案件数が前年度比95％を超え、競合各社の中で最も早い回復を見せています。一件でも多くのお仕事をユーザーに届けたいとの思いで、オンライン商談のスキルをいち早く身につけ、感染予防に最大限に注意を払いながら、みんなが大奮闘を重ねてきました。

コロナ禍という、かつて経験したことがない先行きの見えない厳しい環境の中で、社員達がフィロソフィーを思い起こしながら、苦境を切り開こうと大健闘しています。

フィロソフィーでコロナ禍に立ち向かう

コロナ禍での社員達の奮闘を支える大きな力となっているのは、冨田の社員を思う深い愛情とフィロソフィーなのだと、強く感じています。

２０２０年5月、緊急事態宣言発令中の最中、冨田は人事の採用・研修チームに「フィロソフィーコーチング」の検討・実施を指示しました。

リモートワークが続き、社員同士のつながりが希薄になりがちな中で、組織の一体感を高めるため。そして、先行きが見えない不安の中、社員が勇気と情熱を持って難局を乗り越えていくために、今こそフィロソフィーの体現が必要だと、冨田は考えたのです。

「社会を改善する存在となる」との企業理念のもと、コロナ禍で我々が何をすべきかを考え、創業以来、数々の困難を乗り越えてきた歴史を学び直し、一人ひとりが今、どう行動すべきかを考えるプログラムが急遽つくられました。

若手社員９００人が3人ずつにグルーピングされ、人事の担当がコーチとしてつき、１時間のプログラムが計6回。合計１８００セッション１８００時間にわたるコーチング研修が、半年間にわたりオンラインで実施されます。

また、冨田の発案で、各組織の代表メンバーとのオンライン飲み会も開催されました。２００６年から開催されてきた社員総会の膨大な記録映像の中から、重要な場面を抜き出し、それを鑑賞しながらの飲み会です。

岩田や私も参加し、若い社員達と、リーマンショックの危機などの、ピンチをチャンスに変え大きな成長を果たしてきた歴史を、社員総会の映像を通して語り合いました。

若い社員達は、当時の映像を通じて、その歴史の背景に、冨田や先輩社員のどんな思いがあったのかをリアルに感じます。感動と新たな決意に溢れる会になり、大変な盛り上がりでした。その模様は、社内ＳＮＳで全社員に公開され大きな反響を呼びました。

冨田はこのようにして、フィロソフィーを通じて、コロナ禍と戦う社員達の力を奮い立たせています。

そして、２０２０年8月。本書の冒頭でご紹介したように、開催が3月から延期されていた社員総会が、初のオンライン形式で行われます。

天井高７・３メートル、幅25メートルの都内最大級のスタジオに、特設ステージが設けられました。掲げたコンセプトは「全社員が繋がる社員総会」。オンラインの双方向性を活かしながら、映像と照明などさまざまな演出を凝らした、他に類を見ない大掛かりなイベントです。

壁面一杯の大型スクリーンには、自宅から参加した2300人の社員の顔が150人ずつ次々と映し出されます。無数のチャットが飛び交い、役職やエリアを超えてリアルタイムでそれぞれの思いが共有されていきます。社員達の情熱が伝わってくる、大きな一体感に包まれた社員総会がスタートしました。

スポットライトに照らし出されたステージに立った冨田は、カメラ越しに社員達を見つめるように、年間テーマに掲げた「Loyalty」に込めた想いを語り始めます。

「社員が会社に持つロイヤリティ。ユーザーからのロイヤリティ。お客様からのロイヤリティ。さらに社会からのロイヤリティ。さまざまなステークホルダーにロイヤリティを持っていただくには、どんな取組や働きかけをすればよいのか、それを今期、本気で考えて実行していきたいと思います」

「ユーザーであれば、このサイトがいい、このサイトが好きだ、このサイトでなくては嫌だというくらい、強い愛情をサイトに持っていただきたい。お客様であれば、ディップだからこそぜひ頼みたいと思っていただける。そんな愛情による関係性創りを深めていきたいと考えています」

「では、ユーザーやお客様、そして社会から、どうしたらディップに対するロイヤリティを持ってもらえるのか、好きになってもらえるのか。このテーマを決めた後、ずっと考えていました。そして結論が出ました」

「相手にロイヤリティを持ってもらうには、まずは自らが愛を注がないといけない。それによって初めて、ロイヤリティは芽生えるものではないかと。愛を注がれている、大切な存在であると自覚させてもらえる、そう感じてもらえることがロイヤリティにつながるのではないかと考えています」

冨田は創業当時から、ユーザー、クライアント、そして社員のロイヤリティを高めることを考え続け、そのための経営を行ってきました。

私は、冨田が大切にしてきた「Ｌｏｙａｌｔｙ」という言葉を、この年の社員総会のテーマにしたことに深い意味を感じます。

このテーマには、コロナ禍で希薄になりがちな人と人との絆とつながりを、再び取り戻し、さらに強くしていって欲しいとの願いも込められています。

コロナ禍の先に広がる新たな未来に向けて、冨田の、ユーザー、クライアント、そして社員の満足度をナンバーワンにとフィロソフィーに謳った思いが、さらに深く大きくなっていることがひしひしと伝わってきました。

そして、２０２５年に売上１０００億円、営業利益３００億円を超えるという、新たな経営目標が掲げられます。その達成を条件とした譲渡制限付き株式（ＲＳ）30億円分を、全社員に配付することが発表されました。日本企業史上最高額のＲＳ付与に、社員達の驚きは大変なものでした。

「今の株式が、皆さんの頑張りによって何倍もの価値になる。売上１０００億円超の目標を達成するには、デジタルレイバーフォース事業を成功させなければいけません。成功した際の企業価値向上を、皆さんと共に分かち合いたい。同じ夢を見て、それが皆さんの幸せにつながればと思っています」と温かさに溢れた冨田の声が響きます。

「将来への希望と安心のために」との思い。「これからは社員の満足度ではなく、社員幸福度ナンバーワンを目指します」との冨田の力強い宣言に、社員達は大きな喜びに包まれました。そして、１０００億企業という、新たな未来への挑戦の決意を固めます。

冨田の掲げた新たなビジョン、大きな夢。それを共に目指す仲間への強く深い愛情が、社員達のロイヤリティをさらに高め、ディップの新たな未来を創っていく情熱をますます大きく燃え上がらせました。

フィロソフィーを継承していく

社員総会で、社員達をさらに鼓舞したのは、この日のために特別に制作されたＶＴＲでした。

徳光和夫アナウンサーによるインタビューで、冨田が創業時の苦難を語る。アメリカCBSの人気ニュース番組「60ミニッツ」を彷彿とさせる、ドキュメンタリータッチの映像です。

ファウンダーズスピリットの生まれた歴史を学び、フィロソフィーを社員一人ひとりに体現して欲しいとの願いを込めてつくられました。

徳光アナウンサーの巧みな話術と切り込みで、冨田の口から直接、生々しく語られるエピソードの数々は、社員達の深い感動を呼び起こします。

とりわけつぶさに語られたのは、ディップ創業の歴史に大きく刻まれている、ヤフーとの提携とその解消の秘話です。この頃のことは第1章にも記しました。

お金もオフィスもない、仲間もいないゼロからのスタートに苦労を重ね、会社設立にこぎつけた冨田は、資金調達のためシリコンバレーに飛びます。そこでインターネット黎明期にヤフーが大きな注目を集めていることを目の当たりにし、ヤフージャパンとの提携を構想し始めました。

そして、孫正義社長に直接アプローチを行うという大胆な作戦から突破口を開きます。

当時ヤフー常務取締役の有馬誠氏と、現在、取締役COO（最高執行責任者）を務める志立正嗣との交渉を開始。冨田と志立の初めての出会いです。

ヤフーに提携を持ち込んだ時には、まだサイトができていませんでした。志立は「サイトがないのに提携を申し込んできたのはディップだけだった」と、インタビューに登場し、その冨田の大胆さと凄まじい情熱に圧倒されたと述懐します。

その後、冨田は苦難の末に創り上げた「はたらこねっと」を携えて、再度、交渉に臨みました。しかし、志立は首をなかなか縦に振りません。サイトユーザーの視点から、「はたらこねっと」の改善に関する高い要望を次々に出します。

冨田が創業時から掲げていた「ONE to ONE Satisfaction」とのブランドステートメントが、志立との出会いによって「ユーザーファースト」という経営方針として確立される。そして、「はたらこねっと」が急速に進化していった歴史を、社員みんなが初めて知りました。

志立は、「たいていの人は途中で諦めてしまうのに、数多くの要望に対し真摯に取り組む社長の姿勢に感嘆した」と語ります。

そうして、ついにヤフーとの提携を果たし、一気に事業を拡大した冨田は、マザーズ上場に突き進みました。

しかし、上場のわずか3日前。冨田に志立は提携解消を告げます。

志立は出会いから2年半。たくさんの議論を重ね提携関係をつくり上げてきた、言わば盟友である冨田との関係を断ち切ること、リクルートと提携することに悩み、眠れぬ日々を過ごしたと振り返ります。

そんな志立に対し、冨田は「信頼がいささかも揺るがなかった、自分も志立さんの立場だったら同じ判断をする」と。

そして、上場延期からわずか5か月。日本株式市場で類を見ない早さで上場を成し遂げられたのは、志立のおかげだと言います。

「ヤフーとの提携はいつまでも続くわけではありませんよ」との志立の言葉。「その言葉のおかげで、ヤフーに依存しない体制づくり、脱ヤフープロジェクトを立ち上げられた」と、感謝の思いを語りました。

2人の深い信頼関係で結ばれた友好は、それ以来20年以上続きます。その間、冨田は、志立をディップに何度も誘います。しかし、志立はヤフーでのポジションを上げ執行役員となり、その誘いが受け入れられる機会はなかなか訪れませんでした。

そしてついに、2019年5月。ヤフーで副業が解禁されたのを機に、志立を社外取締役に迎えます。それから1年の間、口説き続け、念願かなって取締役COO就任が決まったのです。

志立は「尊敬できる経営者である冨田社長とLabor force solution companyの実現ができるなら、これからのビジネス人生を賭けていい」「社員を幸せにする会社を一緒に創ろう」との冨田の言葉が入社を決意させたと、その思いを語りました。

私は16年前、冨田の「従業員満足度ナンバーワンの会社を一緒に創ろう」との言葉で、ディップへの入社を決めます。志立の話に、その時のことが甦って胸が熱くなりました。新しいCOOが決まり、ディップの新たな未来が大きく切り拓かれていくことに心が躍り、ワクワクしました。

このVTRは、私、岩田に続き、3代目のCOOに就任した志立の紹介を兼ねたものでした。

志立は、ヤフーの検索サービスを担当し、日本でのシェアナンバーワンを維持し続ける実績を上げます。広告サービス「Yahoo!ディスプレイアドネットワーク（YDN）」の立ち上げと育成を行い、現在は売上1000億円を超える事業となっています。

AI・RPA領域では、データ&サイエンスソリューション統括本部をつくり、約500人の日本有数のデータサイエンティストが集まる組織を率いてきました。ディップに入る直前までは、ヤフーのコーポレートグループCIOとして、RPAでスタッフ部門の月間500人分ほどの業務の自動化を主導しています。

まさに「Labor force solution company」の実現のために、「この人しかいない」と思えるうってつけの人物です。

志立は、社員総会で、全員参加型の中期経営計画策定プロジェクト「ｄｉｐ２０２５」の開始を発表。２０２５年に１０００億円超の売上を達成するための事業戦略を、全社員からアイデアを募り、創り上げていこうというものです。

社員総会終了からわずか１週間で、なんと社員の半数近くの１１９４人から、さまざまな意見、アイデアが寄せられます。

「自らｄｉｐを創る」とのファウンダーズスピリットが体現され、凄まじい力となって、ディップは新たな未来に向けて動き出しました。

志立は、ＤＸ（デジタルトランスフォーメーション）を推進する「×プロジェクト（カケザンプロジェクト）」も始動させます。×（掛ける）には「社員一人ひとりの力を最大限に引き出し、掛け算で成果を最大化させよう」との意味が込められています。

プロジェクトを推進するのは、２００６年に新卒で入社した執行役員、全社の現場を仕切るのは中途入社の20代の若いメンバーです。

ディップは、冨田、志立の新経営体制のもと、フィロソフィーを継承する社員達の力で、かつてヤフーで言われていた「爆速経営」を超えるような勢いで、新たな進化を遂げ始めています。

逆境を乗り越える力を生み出す

これまで記してきたように、冨田は創業以来の数々のピンチをチャンスに変え、ディップを凄まじいスピードで大きく成長させてきました。

リーマンショックのような外部環境の激変をもチャンスに変え、東証一部上場企業への道を切り拓きました。今回のコロナ禍も世界的な感染拡大が経済に深刻な打撃を与え、まだ先行きが見えない逆境が続いています。

このピンチも、冨田と社員達は、必ずや大きな飛躍のチャンスに変えていけると、確信できます。

その思いを強くしてくれたのが、著名ビジネス誌の特集記事でした。

ピンチをチャンスに変えるための方途は、経営学や組織論の世界ではあらかた確立されているそうです。その方途が４つ書かれていました。

「遠大な視野を持つ」

・長期目線を大切にする・最悪の事態を想定する・逆算して行動を決める

「社員の自己肯定感」

・自らの強み、弱みを整理する・ミッションを明確にする・自信を持つ

「他者を巻き込む風土」

・抱え込まず、周囲と連携する・外向きの目を大切にする・危機感、すべきことを共有する

「現場優先の意思決定」

・自分自身の足で立つ・お互いを信頼し合う・素早く反応する

（『日経ビジネス』２０２０年10月26日号 参照）

冨田は、これらの方途を尽くす経営を、まさに行ってきました。

コロナ禍で先行きが見えない中、２０２５年に売上１０００億円、営業利益３００億円を超えるとの大きな目標を掲げます。足元の危機に目を奪われずに、「遠大な視野」を示すことで、社員達に勇気と希望を送りました。

リーマンショックの際も同様に、２０１０年3月の社員総会で、経済回復の兆しが見えない中、時価総額１０００億円を目指すと宣言します。

冨田が長期的な視点でビジョンを描き、社員達に指し示してきたことが、逆境を跳ね返

す大きな力になってきました。「経営者の仕事は、新たな未来を想像してそれを実現していくことだ」と富田は言います。

フィロソフィーコーチングや社員総会のＶＴＲは、数々の困難を乗り越えてきた歴史を振り返り、その中で培われてきたフィロソフィーを思い起こさせました。それが社員達に、この危機も必ず乗り越えていけるとの「自己肯定感」を生み、大きな自信を与えます。

激変期にある自動車業界でも、同じような試みがなされています。トヨタ自動車は、設立80余年で初という社員手帳の配付を行いました。そこには創業者の豊田喜一郎氏が昭和初期にまとめた「豊田綱領」などと共に、トヨタ生産方式など長い歴史の中で培われてきた同社の教えの数々が記されているそうです。「手帳を読んだ社員の多くがトヨタという会社のすごさを再認識し、自己肯定感を高めるのは疑いない」（同誌）これが手帳の狙いです。

「（変革期は）大きなピンチではありますが、生まれ変わろうとする者にとっては、大きなチャンスでもあります。この時代を生き抜くため、全員が強い危機感を共有し、もう一度、トヨタの強みを取り戻さなくてはいけません」と手帳の冒頭に書かれているそうです。

このメッセージは、富田が常々口にする「己を変化させ続けたものだけが生き残る」との言葉と重なり合っています。

ピンチをチャンスに変えるには、社員に自己肯定感と自信を与えることに加え、「他者を巻き込む風土」が必要だとあります。それは社員の団結力・一体感だと、その記事には書かれていました。

ディップでは、冨田の描くビジョンとフィロソフィーのもとで、価値観を同じくした社員達が、社員総会などを通して一体感を高めています。褒め称える文化、励ましの文化、仲間を大切にする文化が強い団結力を築いてきました。

そして、全員参加型の中期経営計画策定プロジェクト「ｄｉｐ２０２５」の取り組みに見られるように、現場の声を大事にする「現場優先の意思決定」の経営が、社員の自立心を高め、大きな力を発揮させます。

コロナ禍の先に広がる未来を見据える冨田のもと、数多くの社員が一丸となって逆境を成長の好機とし、新たな未来を切り拓き始めています。

社会課題の解決に挑戦する

２０２１年１月、ビッグニュースが飛び込んできました。

ＥＳＧ（環境・社会・ガバナンス）のグローバル基準を満たす日本企業を対象にした株

価指数「FTSE Blossom Japan Index」の構成銘柄に、ディップが選定されたのです。

イギリス・ロンドンを拠点とするＦＴＳＥは、世界中の上場企業について、その取組をＥＳＧの観点で点数評価している会社です。「FTSE Blossom Japan Index」に選定されるということは、ＥＳＧへの取組が優れた企業として世界中の投資家から認められ、選ばれる存在になったことを意味します。

選定されている日本企業はわずか２０１社で、錚々たる大手企業が顔を並べています。

評価されたのは、以下のポイントです。

事業活動に伴う温室効果ガス排出やエネルギー消費等の開示や環境負荷軽減への取組。

「人が全て、人が財産」という経営方針のもと、採用・教育、従業員満足度向上のための多くの施策による人材基盤の強化。従業員の多様化に対応し、ライフスタイルに合わせた柔軟な働き方とパフォーマンスを存分に発揮できる環境の実現。ワークライフバランスとダイバーシティーの推進。

そして、経営環境の変化へ迅速に対応し、健全で透明性の高い経営が実現できるよう、コーポレートガバナンス体制を整備してきたことが挙げられます。

これまでの経営の取組が大きく評価され、全社員が誇らしく思える大変な栄誉です。

冨田の掲げた企業理念「ディップは夢とアイデアと情熱で社会を改善する存在となる」

はＳＤＧｓ（持続可能な開発目標）とも深く響き合うものです。

創業期から「夢を叶える仕事に出会おう」とのキャッチフレーズを掲げ、有期雇用の方々が、夢を持ち活き活きとやりがいを持って働ける社会を目指してきました。そのために仕事、職場の情報をどこよりも集め、より充実した内容で提供しようとサイトづくりを行っています。そして、多くの雇用を生み出し、たくさんの企業の成長を支えてきました。

また、有期雇用の方々の格差是正のために数々の取組を行っています。アルバイト・パートの時給アップのための「レイズ・ザ・サラリーキャンペーン」やコロナ禍での経済支援施策などです。

そして、ＤＸ事業によるデジタルレイバーの活用で、人が人にしかできない仕事をし、もっとやりがいを持って働ける社会。誰もが仕事を楽しみ、幸せを感じられる社会を創っていこうとしています。

ディップは事業を通じて、ＳＤＧｓに掲げられる社会課題の解決に挑戦をしてきました。

２０２０年7月には、社員発案によるＳＤＧｓプロジェクト「シャカツ！（社会を改善する活動の略）」がスタート。その取組の第1弾として、約３００人の社員から集まったアイデアをもとに「フードバンクプロジェクト」が発足。コロナ禍において働くことがままならない方、日々の食事に困窮する方々と、食品ロスをなくしたい顧客企業をつなぐ試みをＮＰＯと共に行いました。

「シャカツ！」の発案者は、冨田に直接メールで、ＳＤＧｓへの取組の提案をした新卒入社５年目の社員です。その後新設されたＳＤＧｓ推進課の課長を命じられます。

また、小学生達に、働くことの意味、仕事のやりがいを理解するきっかけをつくる「バイトルＫｉｄｓプログラム」を提供。多くの社員達が教壇に立ち、小学校のキャリア教育支援を行っています。

さらに、全社員参加型の中期経営計画策定プロジェクト「ｄｉｐ２０２５」の中では、社会課題の解決に関する新規事業、新サービスが数多く提案されました。社員達のアイデアによって「社会を改善する」新たな事業が生まれようとしています。

「誰一人取り残さない、共に生きていく社会創りを目指す、との社会的使命を共に果たしていこう」

「大きなビジョンと夢を、アイデアと情熱で叶えてきたディップが、ＳＤＧｓという世界の夢の実現を追い求めたい」

冨田は、新たな未来に向け熱いメッセージを送りました。

その思い、夢とビジョンに、社員達はさらに情熱をたぎらせています。

冨田のフィロソフィーを継承する一人ひとりが、溢れる夢とアイデアと情熱で「社会を改善する存在となる」新たな挑戦を始めています。

エピローグ　人の可能性が拓く新たな社会

冨田の「従業員満足度ナンバーワンを目指そう」との思いは、深い愛情となり社員達の高いロイヤリティを育んできました。

そして「企業理念」「ビジョン」「ブランドステートメント」「ディップウェイ」「ファウンダーズスピリット」から成るディップのフィロソフィー、冨田の経営哲学は、社員達のエンゲージメントを高め、一人ひとりの持っている能力を引き出し、大いに発揮させています。

フィロソフィーは、社員の心を一つにして組織の一体感を高め、個々人の持つ力を掛け合わせ大きな力にする企業文化を創り、ディップの急成長の原動力となってきました。

本書の冒頭でも記したように、冨田のフィロソフィーを根幹にした「人が全て、人が財産」とする経営は、これからの日本経済の大きな潮流になるであろう「人的資本を重視する経営」を先取りしてきたものだと思います。

2020年8月、SEC（米国証券取引委員会）が、「人的資本の情報開示」を義務化することを発表しました。これにより人的資本の価値を高める経営、いわば人間主義経営への流れが世界的な潮流になると言われています。ESG投資がそれを加速させます。

欧米の有力企業が、人材の育成やマネジメント、人の能力を発揮させる企業文化創り、従業員のエンゲージメントを高めることやウェルビーイング（幸福）のために、大きな投資をしています。人が企業成長・利益創出の源泉と考えているからです。

実際に、従業員満足度、エンゲージメント、ウェルビーイングと企業業績が直結するとの実証もされ始めています。

その一つが「サービス・プロフィット・チェーン」と呼ばれる、ハーバード大学のヘスケット教授とサッサー教授によって提唱された概念です。従業員満足度が高まるとサービス品質が高くなり、顧客満足度、顧客ロイヤリティが高まり、最終的な売上と利益が向上する。その利益によってさらに従業員満足度が高められて、好循環が生まれるというものです。近年日本においてもその有効性が実証的に示されました。

人事コンサルティング会社、米ウイリス・タワーズワトソンの調査では、エンゲージメントが高い会社は、低い会社に比べ営業利益率が約3倍高く、欠勤日数が6・5日少なく、離職率が41％低く、総資産の伸び率が10倍高いなど、具体的な数値が示されています。

社員の幸福度が高まると、創造性が3倍、生産性は31％高まるとの研究結果もあるそうです。

経営資源は、長くヒト・モノ・カネと言われてきました。産業の中心が鉱工業だった時代には、利益の源泉はモノ（設備資本）とカネ（金融資本）とされ、ヒト（人的資本）は取り換え可能な機械の部品のように考えられてきたように思います。

サービス業やIT産業が台頭し、その経営資源に、情報が加わり、さらに時間、知的財産が加えられました。テクノロジーの進化、デジタル化が急速に進み産業構造が大きく変化する中で、モノやカネを持たなかった企業が、巨大な市場と価値を生み出しています。GAFA（グーグル＝Google、アマゾン＝Amazon、フェイスブック＝Facebook、アップル＝Appleの総称）はその代表格でしょう。

その競争力の源泉は、まさに「人」です。人の創造性が、企業の付加価値を生み、生産性を飛躍的に高めています。

「人」という経営資源には、無限の可能性があります。その価値は人の能力だけによらず、モチベーションや感情で大きく変化します。人が持つ潜在的な力を引き出すことの巧拙が、企業の競争力に直結すると言えるのではないでしょうか。

かつて日本は、独自の雇用慣行、制度で世界に類を見ない経済成長を遂げてきました。昭和の時代の働き方が全てよかったとは思いませんが、人の活かし方がうまい日本企業が高度経済成長を牽引しました。リクルートもそのうちの一社です。

しかしバブル経済崩壊以降、日本経済は低迷しその輝きを失います。米ギャラップ社の調査（２０１７年）では、日本は「熱意溢れる社員」の割合がわずか６％。アメリカの32％に比べ大幅に低く、調査した１３９か国中１３２位と最下位クラスだそうです。人的資本の活かし方が最もうまかったのは、日本企業だったはずなのにと思えてなりません。

これからの社会は、ＡＩやロボティクスが定型的な業務、単純労働をやってくれるようになり、人がより創造的な仕事に集中し、高い付加価値を生み出せるように変わっていきます。ＤＸがその流れを加速させています。コロナ禍が、従来の仕事、働き方を大きく変え始め、その変化を一気に早めました。

こうした経営環境の中、無限の可能性を持った「人」という経営資源が、ますますその重要度を高めていくことでしょう。その人の可能性を大きく拓くための哲学、経営が求められているのだと思います。

冨田は知識・スキル・経験のない新卒社員の持つ無限の可能性に賭けて数多く採用し、成長の機会を与え、愛情と情熱を注ぎ、大切に育ててきました。そこにフィロソフィーに共感した中途採用の人材が加わり、多様性のある強い組織が創られてきました。

「社員が輝ける会社を創るのが私の仕事」と言う冨田のもと、社員一人ひとりの持っている可能性が拓かれ、それが大きな力となって、今のディップがあります。

ディップはこれからも、フィロソフィーを継承する多くの人材の力で、新たな未来に向かってさらなるチャレンジを続けます。

2024年に一万円札の新たな顔となる、日本資本主義の父と言われる渋沢栄一。500社もの企業の創設と、教育機関をはじめ約600の社会公共事業に尽力をした、その足跡と、『論語と算盤』で語られた経営哲学に大きな注目が集まっています。

渋沢の言葉からは、働く者の充足感、幸福感が企業の存続のみならず、一国の経済、社会にとっても肝要であることを感じます。

その渋沢が遺したと云われる「夢七訓」。夢が人を幸福にする原動力だと教えています。

夢なき者は理想なし
理想なき者は信念なし
信念なき者は計画なし
計画なき者は実行なし
実行なき者は成果なし
成果なき者は幸福なし
ゆえに幸福を求むる者は夢なかるべからず

冨田がたった一人で抱いた大きな夢に惹かれ、名も知れぬベンチャー企業に、少しずつ社員が集まり、その仲間がどんどんと増え、夢はさらに大きく膨らみました。

その大きな夢を叶えようと、さまざまな困難を乗り越える悪戦苦闘の日々の中で、社員達は目覚ましい成長を遂げています。

満足感と幸福感、そしてロイヤリティに溢れ、キラ星の如く光り輝くその人材の力で、ディップはさらに大きく飛躍していきます。

その一人ひとりの輝きが、多くの求職者、企業、社会を光り輝かせてくれることを願いながら筆をおきたいと思います。

謝辞

ディップが設立20周年を迎えた、２０１７年3月の社員総会の席上。

冨田から、岩田と共に、サプライズで特別表彰を受けました。

「あなたに入社してもらえたことが、我が社にとって最高の幸運でした」との賛辞に、私は全社員の前で号泣しました。

冨田を支える経営チームの一員として、その重責につらく苦しい思いをしたこともありますが、人生の最高の思い出となる仕事をさせていただきました。たくさんのことを学び、思い切り仕事を楽しみ、大きな成長感、満足感、幸福感を味わうことができました。

冨田に出会い、その夢とアイデアと情熱に惹かれ、冨田のもとで働いてこられたことに、感謝の思いで一杯です。

２０１９年。私は還暦を迎え「後進にポストを譲りたい」と冨田に願い出て、取締役を退任。執行を離れ、監査役に就きました。その発表がされた社員総会では、全社員を代表して、思い出深い２００６年新卒入社のメンバー達が、感謝状を読み上げてくれました。

このサプライズプレゼントも、冨田の計らいです。その時の私の号泣ぶりは大変なものでした。

一緒に戦ってきた経営チームの仲間、これまで支えてきてくれた社員達に、心から感謝しています。

社会人としてどん底からのスタートでしたが、リクルートの元上司、常務取締役を務められた関一郎さんから仕事の哲学を教えられ、今の私があります。

「自ら機会を創り出し、機会によって自らを変えよ」とのリクルートのDNAを受け継ぐ上司、先輩達、今は亡き漆崎博之くんをはじめ苦楽をともにした仲間達に、心から感謝を伝えたいと思います。

そして、「労苦と使命の中にのみ、人生の価値（たから）は生まれる」との言葉で私を励ましてくださる恩師、人生の師匠に尽きることない感謝を捧げます。

推薦の言葉を寄せてくださった秋元康様、見事な書で表紙を飾ってくださった紫舟様に、心より御礼を申し上げます。

謝辞

本書に多くの示唆を与えていただいた山中勇樹氏、五十嵐真由子氏に御礼申し上げます。出版にご尽力をいただいたダイヤモンド社の花岡則夫編集長、前田早章副編集長。長年にわたり弊社を取材し、本書の執筆を勧めさまざまな助言をくださった大木由美子氏に、心から感謝申し上げます。

最後に、支えてくれた家族に感謝を贈ります。

応援してくださった皆様。本当にありがとうございました。

2021年7月3日

大友　常世

〈巻末資料〉
新入社員研修講義
『一流のプロのビジネスパーソンとなるための八か条』　全文

第一条：一流のプロは主体性をもって仕事をする
自ら仕事を創り出し、仕事を楽しむのがプロ

主体性の発揮は、ビジネスパーソンとして仕事をする上での基本姿勢です。仕事は自ら創るべきで、与えられるものではありません。

職場には3種類の人間しかいません。「いて欲しい人」「いてもいなくてもいい人」「いて欲しくない人」です。あなたはどの人になりたいですか？

会社に「いて欲しい人」の条件は「言われた以上のことをやる人」。言われたことしかやらない人は「いてもいなくてもいい人」。言われたこともやらない人は「いて欲しくない人」です。

「言われてからやる、言われたことしかやらない人」と「言われなくてもやる、言われたことや期待されている以上のことをやろうとする人」の差は歴然です。月日が経つほど、その差は大きくなっていきます。

「最大の悪は自己更新への怠惰である」とは、フランスの文豪ロマン・ロランの箴言です。

日本経済界が求める人材像は、自ら主体的に考え行動する「自律型人材」です（経団連提言）。

夢や人生の目標、自身のなりたい姿をかかげ、その実現のため、周囲からの期待、組織における自分の役割を十分に理解する。それに応えるために自ら学び、できることをどんどん増やし、やりきる力を磨いていける人材が求められています。

「やりたいこと（ｗｉｌｌ）」「やるべきこと（ｍｕｓｔ）」「できること（ｃａｎ）」の、3つの輪が重なる中心に、仕事の目標を設定できる人材が求められているのです。

仕事に主体的に取り組み、仕事を楽しめと言われても、仕事というのは最初のうちは、面白くないもの、難行苦行です。スポーツでも、きちんとプレーができるようになるまでの基礎練習はつまらないものです。

同様に、仕事を楽しめるようになるための知識とスキルが身につくまでには、ある程度時間がかかります。

それを身につけないうちに「こんな仕事はつまらない」「他にやりたいことがある」と、決して思わないで欲しい。

「石の上にも3年」といいますが、キャリアと呼べる知識とスキルを磨くには、最低でも3年はかかると考えた方がいい。

「面白いから一生懸命やるのではない。一生懸命やるから面白くなるのだ」とは中谷彰宏氏の名言です。

目標やミッションの達成に向けた、プロセスの一つひとつにおいて、一生懸命に取り組み、試行錯誤を繰り返し創意工夫を重ねることで、できないことができるようになる。日々の小さな挑戦や地道な努力を全力で積み重ねていくうちに、いい成果が生まれてくる。そこに達成感や成長感、自信が生まれ、仕事が面白くなっていきます。面白くなればさらに意欲が湧き、また新たな挑戦をしようと思えます。

その好循環を繰り返すうちに、仕事が好きに、楽しくなっていきます。

「これを知る者はこれを好む者に如かず。これを好む者は楽しむ者に如かず」とは孔子の言葉です。

「仕事の過程を一歩一歩きちんと歩んできた人。誤魔化したり、サボったり、手を抜いたりしない人。そういう人がプロになるんだと思う」とは、名評論家、草柳大蔵氏の至言です。プロフェッショナルのプロは、プロセスのプロに通じます。

仕事の楽しさは、プロセスにおける一生懸命さと地道な努力の先に待っています。

第二条：一流のプロは基本を疎かにしない
マナーとルール厳守がビジネスの基本

基本を徹底して身につけなければ、本物のプロにはなれません。

元ヤンキースの松井選手は、「試合に勝った日も、ヒットを打てなかった日も、素振りを続けた。素振りは基本中の基本の練習。毎日欠かさずに続けていくことがきっと自分を高めてくれると信じてやってきた」と語っています。

一流のアスリート、プロのスポーツ選手は、気が遠くなるほど単調な基礎練習を繰り返すものです。基本に徹すること、基本を持続することこそ、何事にも通じるプロの道だと思います。

武道に「守・破・離」という極意があります。

「守」とは、基本を忠実に行うこと。教えられた通りにやってみること。

「破」とは、その基本を応用していくこと。

「離」とは、自分のオリジナリティーを加え、教えられたことを超える力を発揮していくことです。

基本を徹底して身につけることが、ビジネスを極める、極意なのです。

ビジネスパーソンとしての基本の第一は、「社会人としてのマナーを身につける」ことです。

マナーで大切なのが、「身だしなみ」「挨拶」「言葉遣い」です。

「人間の第一印象は、最初の6秒で決まる」という調査データがあります。米国の心理学者メラビアンの研究結果によると、第一印象を決めるのは、「身だしなみが55％、表情と声が38％、言葉遣いが7％」。身だしなみで、第一印象の半分が決まってしまうということです。

身だしなみは、相手に対する礼儀の表れです。ビジネスの身だしなみで大切なことは、「清潔」「上品」「控えめ」だと言われます。その本質は、「相手が期待している格好」です。一人よがりな格好良さはビジネスでは通用しません。

経営者や人事・採用の責任者に会うことの多い人材ビジネスにおいては、いつ、どこで、誰に会ってもいいように、身だしなみに十分な気配りが必要です。

ディップでは、服装の自由化が始まっています。働きやすさと自分らしさを大切にしてもらうためです。自由だからこそＴＰＯをわきまえられる、身だしなみへの感性を磨いて欲しいと思います。

「言葉と云うは、心の思いを響かして声に顕すを云うなり」とは、日蓮の箴言です。言葉を使うには、他者を思いやる心が大切だということです。思いやりとは、他者に「思い」を「はせる」ことです。

相手の立場にたって考え、相手に対して想像力を働かせ、その思いを感じとれること。その「共感の感度」を磨くことが、言葉をつかう上で大切です。

職場での「おはようございます」の挨拶は、「今日も一日お世話になります。皆さん宜しくお願いします」という「思い」の表現です。

帰り際の「お疲れ様でした」は、「今日も一日ありがとうございました」との、感謝の思い。廊下ですれ違った時の「お疲れ様です」は、「お互いに頑張りましょうね」という相手への励ましです。明るく元気な挨拶は、職場の仲間に対する、思いやり、感謝の思いの表現なのです。

ビジネスの基本でもう一つ大切なことは、ルールを守ることです。試合でルールを守らない者は、即刻退場です。

東証一部上場企業のディィップでは、インサイダー情報の管理など、コンプライアンスの徹底が厳しく求められます。一部上場企業にふさわしい社員としての言動に、常に、気を配っていきましょう。

第三条：一流のプロは自己管理を徹底する
自分のことすら管理できない者に、他人や組織は管理できない

世界最高の選手の一人と言われたイチローは、「小さなことを積み重ねるのが、とんでもないところに行くただ一つの道」と語っています。素晴らしい記録の数々を打ち立てたイチローも、地道な努力を積み重ねてきたのです。

小さなことを積み重ねていく努力の大切さを誰もがわかっていますが、やり続けるのは難しいものです。

嫌になったり、怠けたり、ついつい先延ばしにしてしまう。「そんなことしたって意味がない」と投げ出したくなる時もあります。そんな弱い自分に負けないで自己管理を徹底するのが、本物のプロです。

「モチベーション管理」「体調管理」「時間管理」「行動管理」「コスト管理」が自己管理の基本です。

モチベーションが高いと、仕事の成果はどんどん上がります。下がってしまうと、自分のもっている力を十分に発揮できなくなります。

仕事には様々な困難があります。思うようにいかなかったり、失敗したり、時にはお客様や上司から叱責をうけたりと、モチベーションが下がってしまうことが沢山あります。モチベーションの低下に悩むことは、誰にでも、いくつになっても、あるものです。

そんな時に、自分自身でモチベーションを高める工夫をできることが、とても大切です。モチベーションを高めるには様々な工夫の仕方があります。失敗をいつまでも後悔しない。思いっきり気分転換するなど。

一番のコツは、できないことをできるようになるまで、困難なことを乗り越えるまで、諦めずにコツコツ努力を重ねることです。少しずつでも上手くできたら、プロセスにおける小さな目標でも達成を積み重ねていけば、モチベーションは自ずと上がってきます。

モチベーションが上がらない時は、一人でくよくよと悩まずに、上司や先輩、同僚に、相談することも大切です。

「体調管理」も仕事のうちです。体調が悪いとやる気がでません。体調を崩し遅刻や欠勤をすると、周りに迷惑が掛かります。勤怠が悪いと信用をなくします。

新人の頃は、まだ体がビジネスに慣れていません。緊張することも多いと思います。くれぐれも無理をせず、「体調管理」を万全にしてください。一人暮らしの人は、食事の栄養バランスにも気をつけてください。

「時間を守る」「決めたこと、約束したことを必ずやる」「経費をムダなく正しく使う」のも自己管理の基本です。「自己管理」をすることは、ビジネスパーソンとして、周りから「信頼」を得るための絶対条件です。

自分自身のことすら管理できない者に、仕事の管理、顧客の管理はできません。管理職となって、メンバーや組織を管理することなど、絶対に無理です。

新卒で入社し課長昇格まで最速で3年半と、成長スピードの速さを求められるディップにおいては、とりわけ自己管理能力を高めることが大事です。

第四条：一流のプロは自己研鑽を怠らない
育ててもらうのではなく、自ら力をつける努力をする

仕事において高い成果を上げるために必要なのは、「スタンス（意識・姿勢）」「知識」「スキル」、そして「行動力」です。正しいスタンスを保ち、必要な知識・スキルを磨いて、すべきこと、決めたことをやり抜く行動力を発揮していくことが大切です。

知識がないと、スキルは磨けません。知恵も湧きません。インプットの量が、アウトプットの量と質を決めます。

「学は光なり」です。一日僅かな時間でも読書をする、勉強を重ねることが大事です。年月が経つと、それはとてつもなく大きな差となります。主体的に学ぶこと、自己研鑽は、自らの人生を光り輝かせてくれるのです。

社会人になってからの勉強は、「自分への投資」です。その投資は、自身の人生に高いリターンを生んでくれます。

卒業してからの勉強が、5年後のキャリア、10年後の収入、30年後の人生を決めます。そのことに気づかず、つまらないことに時間を浪費し、忙しいことを口実に、疲れを言い訳にして、学ぶことを疎かにしてはいけません。

一日30分の読書を続ければ、一年で182時間にもなります。「よし、勉強するぞ！」と決めても、ついつい3日坊主に終わる。でも、3日坊主も50回続ければ150日です。

一流の採用コンサルタントになるためには、お客様への高い価値提供ができるように、採用後の教育・マネジメント等も学ぶ必要があります。

ディップは、採用だけでなく、顧客の深刻な人材不足を解消するために、RPA、DXの提案も行っています。最新技術も学んでいかなくてはなりません。どこまで学ぶか、どれだけ知識・見識を磨くかは、全部、自分次第です。

「良書を読むのは良い人との交わりに似ている」とは、思想家エマソンの至言です。

ビジネス書を読めば、苦労を重ねて成功を収めた多くの経営者や先人から、その極意を学べます。あの松下幸之助さんや孫正義さんから直接、指南をうけることもできるのです。

これから直面する悩み、苦労のほとんどは、先人や上司・先輩が経験してきたものばかりです。誰も経験したことのない困難に直面する人は、まずいません。なので、その悩みを克服してきた先輩の知恵に学ばない手はありません。

「プアなイノベーションより、優れたイミテーションを」です（佐々木常夫氏）。

悩みの解決策だけでなく、スキルも「真似る」「盗む」ことが、身につける一番の早道です。

「衆知を尽くす者は勝ち、独力で戦う者は負ける」とは中国の古典にある言葉です。

「何故？」「どうしたら？」のアウトプットの量が、インプットの量を決めます。一人で考え込み悩まずに、周りの人にどんどん聞いてください。必要なのは、聞く勇気と素直に聞ける謙虚さです。

そして教えてもらえることへの感謝の気持ちがあれば、上司や先輩はいくらでも時間を割いてくれます。

上司とは、〝仕える〟ものではなく〝使う〟ものです。ただし、自分で調べればわかるような簡単なことを、既に教えられたことを、忙しい上司や先輩に聞き、その人の大事な時間を奪い手を煩わせるのは、自分を甘やかしているだけだと知っておいてください。

第五条：一流のプロは自ら目標を設定する
言われずにやるのがプロ　人は掲げた目標以上に成長しない

目標には、高さ、大きさ、困難さ、そして志が必要です。

目標を達成する困難さが、自身の成長の度合いと、乗り越えた時の充実感を決めます。その成長感と満足感が、仕事の面白さを決めるのです。それが、「仕事の最大の報酬」と言っても過言ではありません。

高い志をもって、自ら高い目標を掲げ、挑戦していくことが大切です。

小さな仕事は己を小さくします。

「蟹は甲羅に似せて穴を掘る」と言われますが、人は知らず知らずのうちに、自分相応の型にあわせて、自己満足してしまいがちです。

どんどんと力をつけて、より大きな仕事の成果を上げられる可能性は、誰もが持っているのに、自分自身でタガをはめてしまい、その可能性を自分で狭めてしまうのはもったいないことです。

与えられた目標以上にやろうとすれば、与えられた目標は必ず達成できます。

これが目標を達成する極意です。

期待されている以上のことをやる、与えられた以上の目標に挑戦していくことで、任される仕事が広がり大きくなります。

任される仕事が大きいほど成長できるので、さらに力がつき、評価も上がります。評価が上がれば、与えられる責任もさらに大きくなっていきます。

そうして報酬も、役職も上がっていきます。そして、何よりも仕事の喜び、やりがいが、どんどんと大きくなっていくのです。

大きな目標をもつことによって、それを達成しようとする強い意志の力で、人は自分の狭い視野や固定観念のカラを突き破ることができます。自らの限界、惰性の壁を破る力、それは「大きな目標に挑む意志の力」です。

「やろうとすれば、方法は見つかる。路というものは、人が歩けばできるもの。歩こうとさえすれば、路は自ずと拓ける」とは、ある文豪の箴言です。

「意志に勝る力」はありません。

高い目標に挑戦しようとする決意、強い意志によって、困難を乗り越える知恵が湧き、そこに自分の限界を突き破る行動が生まれます。

大きな目標に向かって進むから、困難な目標に挑むから、その先に大きな喜び、感動が待っています。その挑戦のプロセスが人を成長させます。

「確信したものを実行するだけの力は、かならず誰でも持っている。しかし、いつかは目標に達するというような歩き方ではだめだ。一歩一歩が目標になり、一歩一歩が価値あるものにならなければならないのだ」とは、ゲーテの言葉です。

一日一日が大事です。一歩一歩の着実な前進が、大きな目標の達成、大きな成果を生み出します。「一は、万の母」です。

どんなに困難に思える仕事も、日々の、一つひとつの小さな努力が積み重なって成就します。途中で諦めたり、嫌になったり、怠けたり、投げ出したりせず、最後までやり遂げる執念をもち続けて欲しいと願っています。

第六条：一流のプロは結果に自己責任をもつ ビジネスに他責は厳禁

仕事に失敗はつきものです。懸命に努力を重ねていても、うまくいかないことがあるのが人生。ましてや、知識が浅くスキルのない新人時代は、うまくいかないことが当たり前です。

失敗をした時、なかなか成果が上がらない時、うまくいかない時に大事なことは、その理由を「環境や他人のせい」にしないことです。

「環境や他人のせい」にして愚痴をこぼしても、何も変わりません。自らの成長にブレーキをかけてしまいます。

できない理由や失敗を周りのせいにして言い訳をすることほど、見苦しいことはない。ビジネスに「他責」は厳禁です。

「過去と他人は変えらないが、未来と自分は変えられる」とは、ある哲学者の言葉です。自分が変われば、他人も環境も変えられます。人や周囲の状況を変えていけるよう、自分がまず変わり、周りに影響を与えていこうと努力していくことが、自分の未来を変えるのです。

あらゆる失敗は、成功に向かう第一歩です。

「成功者とは、失敗から多くのことを学び取って、新たに工夫した方法で、再び問題に取り組む人間のこと」（D・カーネギー）

失敗やミスを、自己成長のチャンスへつなげましょう。

「なるべく失敗しないように、と気を付けてもあまり意味はない。大事なのはミスや間違いを受け入れて、正すエネルギー、パワーがあるかどうかだ。失敗をした時と違う方法を素早く考えつくかだ」とは、元サッカー日本代表オシム監督の言葉です。

「うまくいく」にはその理由が、「うまくいかない」には、いかないなりの理由が、必ずあります。

結果がでない原因は2つしかありません。「努力の仕方が間違っている」か「努力の仕方が足りない」かです。

全て自分に原因があると捉えることが大切です。強い執念をもち地道な努力を重ねても、そもそも努力の仕方が間違っていては結果はついてきません。

自らを省みて、周りから学ぶことが重要です。その謙虚さ素直さが、失敗を成功につなげるカギです。

「どうしてうまくいかないんだろう」と一人で悩まず、上司や先輩に相談してみる。同僚と一緒に考えてみる。先人の知恵のつまった書籍を手にとってみる。そこに必ずヒントがあるはずです。

「不可能だと思わない限り、人間は決して敗北しない」とはカーネギーの至言です。

諦めないかぎり、努力を続けるかぎり、必ず目標に到達できます。

苦難から逃げず、失敗したり落ち込んだりしても弛まず、弱い自分と戦いながら、地道に努力を重ねていく。その先に必ず突破口が開けます。

目標の達成、仕事の成功も、決して挫けず、怯まず、諦めず、忍耐強く、挑戦し続ける先に待っています。皆さんのもっている力は、可能性は無限なのですから。

第七条：一流のプロは勝利に執念をもつ
執念が知恵と工夫を生み、地道な努力が結果を決める

目標を決めたら、その達成への執念をもつことが大事です。「なんとしてもやりきる」との執念が、知恵や工夫を生み、その情熱がお客様の心を、上司や関連部署、周りの人を動かします。

仕事は、勝負です。何と戦い、何に勝つのか？

競合やライバルも戦う相手です。しかし、仕事における、一番の勝負の相手は自分自身です。

これぐらいでもういいやと手を抜いてしまう自分。苦手な業務をついつい疎かにしてしまう、すぐに諦めてしまう自分。仕事では、たくさんの弱い自分と出くわします。高い目標や困難な仕事を前に怯んでしまう。失敗や逆境、トラブルに逃げ出したくなる時は、誰にでもあります。

そんな自分との戦いに勝つ。そこに自身の大きな成長があるのだと思います。

仕事の勝負は自分との闘いで決まります。

松下幸之助さんは「若い時の苦労は買ってでもせよ」と言いました。「艱難、汝を玉とす」です。

できれば苦労は避けて通りたいのが人情ですが、苦労しないと力がつかないし、仕事の喜びも感じられるようになりません。

苦労の多さが成長の度合いを決めます。苦難を乗り越えるための努力の分しか、人は成長できないものです。そして、苦労した者にしか、人の苦しみをわかることはできません。

人には、人一倍悩み、逆境を乗り越えた者にしか出せない味があります。「悩む力」が、人の様々な力を開花させます。

「人生の幸福は、艱難が少ないとか、無いとかいうことにあるのではなく、それらの全てを克服することにある」とは、哲学者ヒルティーの『幸福論』にある言葉です。

「世界の大偉業の大半は、もはやこれで絶望かと思われた時にも、なお仕事をやり続けた人々の手によって、成し遂げられた」（カーネギー）。

一人ひとりの執念と、そこに生まれる行動が、組織の力を、会社の成長を決めます。

ディップ君なんていう人はいません。

ディップの成長は、一人ひとりの力に全てかかっています。

ディップが、シェアナンバーワンを勝ち取れるか、２０２５年の大きな目標を達成できるかは、一人ひとりの執念と努力、そしてその成長にかかっています。

第八条：一流のプロは一流の人間性をもっている
誠実さと感謝の心が人間力の基本

「職場は人間修行のための道場」とは、ある先哲の言葉です。一流のビジネスパーソンは、「人間力」に優れています。

ビジネスの知識・スキルも大切ですが、仕事を通して、人として魅力的になること。人としての成長が、人生を豊かにし、人生の大きな夢をかなえます。

人間関係、仕事における他者との関係の根本には、「信頼」が必要不可欠です。その信頼は、「誠実」さを積み上げてつくっていくものです。

求人広告は、効果、結果を保証できません。お仕事を頂くためには、お客様からの信頼を得るための誠実さが何より必要とされます。

昔は仕事につくことを、「奉公にあがる」といいました。仕事とは「公に奉ずる」こと、つまり「世のため人のために為す」ことです。

人に尽くすことにおいて、誠実さはなくてはならないものです。「誠実が先ず人を動かす」とは、島崎藤村の至言です。相手に対する思いやり、誠実さにあふれる言葉と、そこから生まれる行動が、相手の心を動かし大きな信頼を築きます。

働くとは「傍（はた）を楽にすること」「傍（はた）を楽しませること」だと言われます。人のために役に立てているという実感が、仕事の喜びであり、やりがい、楽しさ、醍醐味です。

「人生にはただ一つだけ疑いのない幸福がある。それは人のために生きることである」とはトルストイの箴言です。

クライアント、ユーザー、そして仲間から、「ありがとう」を沢山集めることが、仕事のやりがい、喜びに繋がります。

「ありがとうは、人を幸せにする魔法の言葉」です。「ありがとう」と言われると、相手の役に立ててよかったなと嬉しくなるし、また人のために尽くそうと思えます。

「相手に感謝されたいなら、まず相手に感謝する」ということも大切です。相手は、自分の鏡です。感謝の思いと言葉は、周りの人の心を動かします。感謝、報恩の思いを大切にする人間性が、大きな仕事を創り、自他共の幸福を生み出します。

経済の本義は、「経世済民」です。著名な経済学者ガルブレイス博士の「経済とは、人間の幸福を実現する技術であり、武器である」との言葉どおり、経済活動や事業には、社会への貢献という使命感と誇りが必要です。

人材ビジネスは、企業の成長を決める上で最も重要な経営資源である人材の採用と活用をサポートし、求職者の人生に大きな影響を及ぼす仕事選びに貢献する、社会性が非常に高い事業です。

「Labor force solution company」とのビジョンを掲げ、DX事業の取組で解決できる社会課題が増え、ディップの社会的使命はさらに大きくなります。

「私たちdipは　夢とアイデアと情熱で　社会を改善する存在となる」との企業理念のもと、多くの社会課題に向き合い、サステナブルな世界の実現に貢献しゆく使命感と誇りをもって、ユーザーやクライアント、すべてのステークホルダーに高い価値を提供していきたい。

その価値を創り出し高めていくのは、ここにいる一人ひとりです。人間力を大いに磨き、プロのビジネスパーソンとして一流となり、共に、豊かで幸福な人生を歩んでいきましょう！

スタンスが変われば、行動が変わる。
行動が変われば、結果が変わる。
結果が変われば、人生が変わる。

［著者］
大友 常世（おおとも・つねよ）
ディップ株式会社 元取締役COO（最高執行責任者）

1983年中央大学卒業、株式会社リクルート入社。最年少で部長、事業部長、グループ会社役員を歴任。人材サービス事業トップセールス記録を持ち、新規事業の立ち上げ、赤字子会社の立て直し等で実績を上げる。
2005年10月、ディップ株式会社入社。創業者、代表取締役社長兼CEO冨田英揮のもと、取締役COO(最高執行責任者)、CHO(最高人事責任者)として、設立より23年で売上464億円、時価総額2000億円超へと急成長を遂げた東証一部上場企業の事業、組織、人材の基盤づくりを支える。2019年5月より常勤監査役。

フィロソフィー経営
ロイヤリティが生んだディップ急成長のドラマ

2021年9月5日　第1刷発行
2023年2月10日　第6刷発行

著　者――大友常世
発行所――ダイヤモンド社
〒150-8409　東京都渋谷区神宮前6-12-17
https://www.diamond.co.jp/
電話　03･5778･7235（編集）　03･5778･7240（販売）

カバービジュアル――紫舟
装丁――bookwall
DTP・本文デザイン――明昌堂
校正――茂原幸弘
製作進行――ダイヤモンド・グラフィック社
印刷・製本――ベクトル印刷
編集担当――前田早章

ISBN 978-4-478-11309-7